Maison d'édition marseillais[e]
dédiée au plein air et à l'avent[ure]

Éditions du Chemin des Crêtes

L'aventure au fil des pages

Rando-fraîcheur autour de Grenoble

Belles balades au bord de l'eau
Tome 1 : Vercors et Chartreuse

Damien Puygrenier

Textes : Damien Puygrenier
Photographies : © Damien Puygrenier, sauf mention contraire
Graphisme et mise en page : Milovan Stanojevic et Juliette Kermarrec
Relecture : Marc Lassalle

Imprimé à Péronnas par Sépec en avril 2024 – 0794240157
Dépôt légal 1er semestre 2024 - ISBN : 979-10-95743-54-5

Sommaire

Entrées... dans le Vercors

Entremets... en plaine

Plats de résistance... en Chartreuse

En guise de desserts… aux portes des Bauges

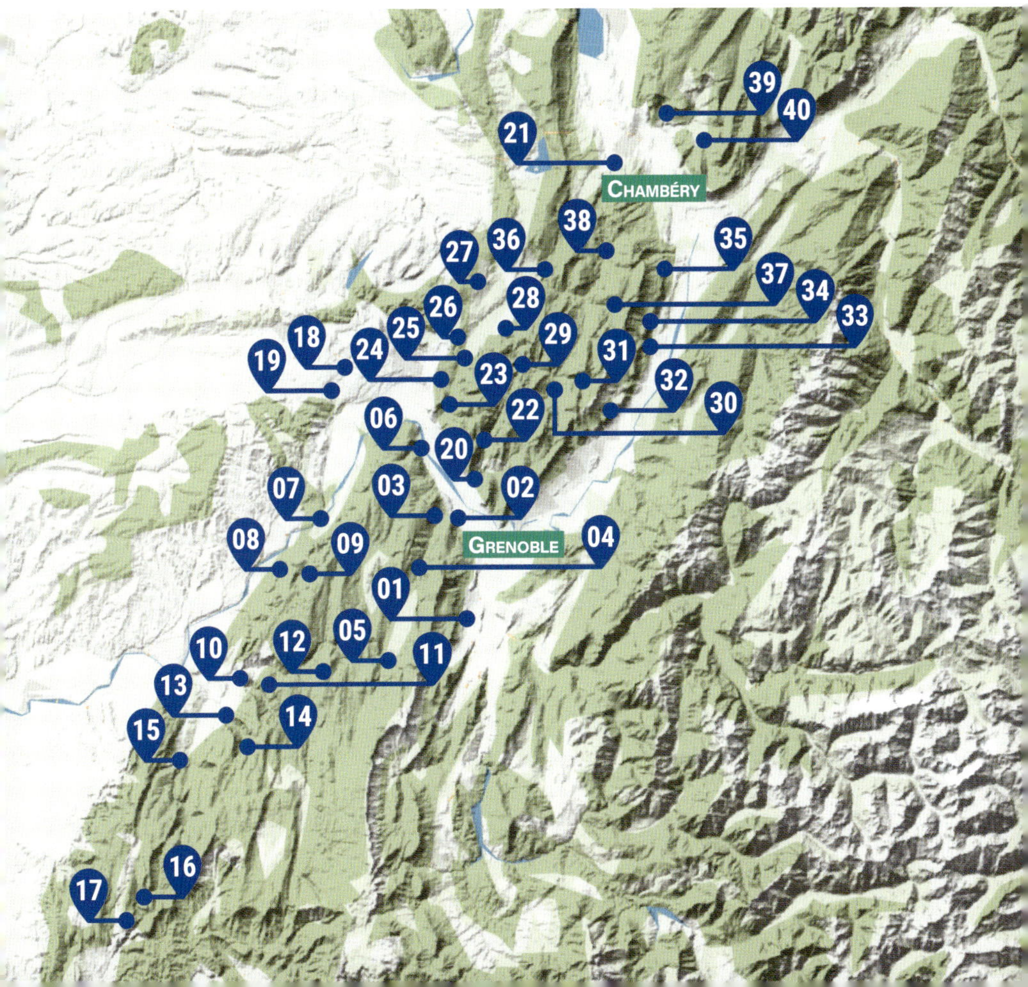

Introduction

La période estivale est souvent le moment où l'on cherche de la fraîcheur… Hélas, depuis plusieurs années, avec des périodes chaudes de plus en plus précoces et de plus en plus longues, ces havres de fraîcheur sont devenus des lieux de plus en plus recherchés, parfois même dès le printemps et en début d'automne.

D'aucuns ont choisi des solutions très personnelles pour lutter contre la chaleur : installation de climatisation, construction d'une piscine, etc. Et pourtant, ces moyens dont on ne peut nier l'intérêt ponctuel restent artificiels, d'une durabilité « écologique » discutable et sans communion avec notre environnement. Voici donc une exclusivité qui vous est dévoilée dès les premières pages de ce livre : vous avez la chance d'avoir la même chose dans la nature, à deux pas de chez vous !

Les balades présentées ci-dessous offrent donc plusieurs avantages. Étant toutes ou presque à proximité de cours d'eau, **la climatisation naturelle** est assurée, et ce, même si peu de ces balades sont en haute altitude ! Une petite polaire peut ainsi être la bienvenue, même en plein été…

D'autre part, toujours grâce à la proximité de rivière, **le contact avec l'eau** sera la plupart du temps une option atteignable… à condition d'aimer l'eau fraîche ! N'hésitez pas à mettre au fond du sac une petite serviette, un change et éventuellement des chaussures ne craignant pas trop l'eau.

Toutefois, il serait réducteur de considérer les balades proposées uniquement comme des échappatoires lors des périodes de fortes chaleurs. En effet, les itinéraires proposés sont au moins aussi beaux au printemps et à l'automne, voire en hiver pour certains. Ces saisons encadrant l'été permettront de découvrir des cascades généreuses, une flore plus abondante, des couleurs changeantes et de nombreux champignons… On y retrouvera le calme des jours moins fréquentés, lorsque la nature reprend ses droits.

Enfin, mais cela pourrait presque être anecdotique pour une fois, les itinéraires proposés dans ce livre vous permettront de réaliser de magnifiques balades parfois peu connues ! Ne nous y trompons pas : même les enfants, parfois plutôt récalcitrants à se promener, y trouveront largement leur compte. En effet, ici, point d'itinéraire féerique mais inaccessible, point d'itinéraire incroyable mais inabordable : tout est à portée de vos pieds, cela coule de source !

Alors, en route pour de belles découvertes !

Dans les gorges du Nan

Ici, on n'a pas de lacs… mais on a des rivières !

Il est vrai que les massifs préalpins que sont le Vercors et la Chartreuse n'ont que peu de lacs, du fait de leur géologie. En effet, les reliefs calcaires, et plus précisément karstiques, sont perméables et ne se prêtent pas à la formation de plans d'eau naturels.

En revanche, on y trouvera de nombreuses grottes qui font le bonheur des spéléologues, eux aussi à la recherche de fraîcheur ! S'il faut donc aller dans Belledonne, le Taillefer ou les Écrins pour trouver des lacs somptueux, on peut tout de même se réjouir, car les rivières sont bien présentes dans les massifs proches de Grenoble.

Les stars du moment ont pour noms l'Alloix, le Cozon, la Drevenne, le Furon, la Gervanne, le Guiers, le Nan, la Roize, le Tenaison, le Ternèze…

Chacun de ces cours d'eau a façonné un paysage riche en cascades parfois vertigineuses, vasques sculptées avec art, plages minuscules ayant parfois des airs de pays tropical !

Rive gauche, rive droite

Pratiquement toutes les balades permettront de côtoyer un cours d'eau… Il s'agit donc de savoir se repérer par rapport à celui-ci !

La **rive « gauche »** (ou « droite ») d'un cours d'eau est celle qui est située à la gauche (ou la droite) d'une personne se plaçant dans le sens de l'écoulement de l'eau, c'est-à-dire depuis l'amont vers l'aval.

On parle d'ailleurs de « riverains », pour des personnes qui possèdent des propriétés et/ou qui habitent sur la rive d'un cours d'eau.

L'hydrologie en quelques mots

Peut-on présenter des balades au bord de l'eau sans parler d'« hydrologie » ? Voici donc quelques notions bien utiles pour une lecture « fluide » de l'ouvrage !

→ **L'hydrologie** est l'étude du débit des cours d'eau : rivières et fleuves, mais aussi des autres parties du cycle de l'eau comme les précipitations (pluie et neige), l'évaporation et les eaux souterraines (sources et nappes d'eau souterraines).

→ Le **bassin versant** d'un cours d'eau est l'ensemble des terrains où toute l'eau tombée rejoint le même cours d'eau. La limite entre les bassins versants s'appelle la ligne de partage des eaux.

→ La partie la plus élevée du cours d'eau s'appelle **l'amont**, la partie la moins élevée vers laquelle s'écoule l'eau s'appelle **l'aval**.

→ Le **lit** d'un cours d'eau désigne tout l'espace occupé, en permanence ou temporairement, par un cours d'eau. Si le lit est limité par les berges, on parle de lit mineur. Quand la rivière déborde sur les berges, par exemple lors des crues, on parle de lit majeur.

→ Le **méandre** est une courbe ou une boucle formée par le cours d'eau, lui donnant une forme ondulée vue du ciel. Le méandre se forme généralement quand la pente du terrain est faible.

→ Le **débit** d'un cours d'eau est le volume d'eau qui coule par unité de temps, en général exprimé en l/s ou en m^3/s ; il varie beaucoup au fil des jours et des saisons, en fonction du climat et du relief. Les plus forts débits correspondent aux crues ; les périodes de bas débits sont appelées l'étiage.

Schéma simplifié d'un bassin versant

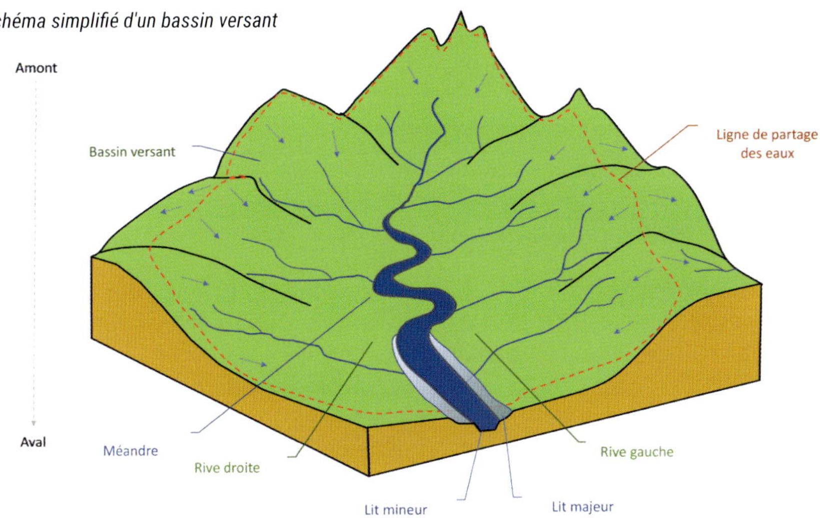

Les cours d'eau de montagne… loin d'être de longs fleuves tranquilles !

Des bas débits…

Les débits des rivières, plus particulièrement en montagne, peuvent changer rapidement. Durant l'été ou les périodes chaudes et sans pluie, le débit baisse généralement (même si cela n'est pas toujours vrai, par exemple lors de périodes de fonte des neiges). Certains cours d'eau voient même leur lit devenir à sec, les cascades se tarir. On parle de rivières intermittentes. Il n'est donc pas garanti de trouver systématiquement de l'eau sur les itinéraires, en fonction du moment de l'année. Et pourtant, plus on descend vers l'aval de la rivière, plus on a de chance de retrouver de l'eau dans les vasques !

C'est le cas de la cascade de la Gerlette, de la cascade du Furet, et de celle de l'Alloix par exemple, qui peuvent être à sec, alors que l'on retrouve de l'eau courante un peu plus bas. Voici une belle illustration du ruissellement, tantôt superficiel, tantôt souterrain. Et donc, plus on va vers l'aval, plus le débit est important ; CQFD !

Et des crues !

À l'inverse, il arrive que de fortes précipitations provoquent des crues rapides et parfois importantes sur les cours d'eau de nos massifs. Les débits peuvent alors être multipliés par plus de 10, et les niveaux de l'eau monter de plusieurs mètres. D'ailleurs, on voit régulièrement des « laisses de crue » lors des balades : par exemple des branches ou même des troncs perchés bien au-dessus de l'eau, et déposés là durant la crue ! Il convient donc d'être très prudent lors d'épisodes pluvieux, en particulier sur les itinéraires proposés. Non seulement les chemins deviennent plus dangereux, plus glissants, mais la proximité de l'eau, dont le niveau peut monter rapidement et avec des vitesses et des courants importants, devient un réel danger qu'il ne faut absolument pas négliger.

Un milieu changeant

Enfin, certaines rivières ont été utilisées pour produire de l'énergie, avec la présence de barrages et d'usines hydroélectriques à l'amont. C'est le cas du Furon et de la Lyonne par exemple. Les débits peuvent alors changer rapidement, sans lien avec la pluie. En général, des panneaux de signalisation permettent aux randonneurs de connaître la possibilité de variation de débit des rivières, et la baignade est la plupart du temps interdite. Il est donc important d'apprendre à connaître les rivières, leur débit, leur usage, pour limiter les risques encourus… ou les déceptions !

De l’eau pour tous les goûts !

Pratiquement tous les itinéraires de cet ouvrage profitent de la présence d’eau pour gagner en fraîcheur. Pour autant, s’il est parfois possible de s’en approcher, voire de s’y baigner (lorsque cela est autorisé), ce n’est pas tout le temps le cas. Nous avons choisi d’indiquer pour chaque balade ce à quoi s’attendre avec des pictogrammes indiquant précisément les lieux concernés. Ces pictogrammes sont les suivants, la présence et les hauteurs d’eau étant bien entendu sujettes aux conditions météorologiques et hydrologiques : ce ne sont que des indications qualitatives pouvant donc s’avérer variables en fonction de la situation.

Eau proche et/ou profonde ; l’une et/ou l’autre de ces caractéristiques prévalent :
→ Aucun détour n’est à prévoir, le cheminement proposé amène naturellement à ces points.
→ La profondeur d’eau peut facilement atteindre 1 m, voire plus.

Eau accessible et/ou peu profonde ; l’une et/ou l’autre de ces caractéristiques prévalent :
→ L’accès à la rivière est proche de l’itinéraire, et évident.
→ La hauteur d’eau reste théoriquement faible, entre 20 cm et 1 m.

Eau peu accessible et/ou en faible quantité ; l’une et/ou l’autre de ces caractéristiques prévalent :
→ L’accès à la rivière n’est pas possible (celle-ci reste visible à distance).
→ La hauteur d’eau reste théoriquement faible (moins de 20 cm) voire nulle.

Passage les pieds dans l’eau obligatoire. Dans ce cas, pour pouvoir réaliser la randonnée, il est nécessaire de mettre les pieds dans la rivière : passages à gué, parcours aquatique sur quelques dizaines de mètres, etc. Il est bien entendu conseillé d’avoir des chaussures adaptées, en plus des chaussures de randonnée. Retenez qu’il n’est pas agréable (et même parfois dangereux) de rester les pieds mouillés !

Attention ! Même en pleine canicule, l’eau des cours d’eau de montagne peut être fraîche, en dessous des 15°C. Il convient de rester très prudent si vous souhaitez vous aventurer dans le lit des rivières !

Une ressource fragile

Si la région a la chance d'avoir de nombreux cours d'eau, il est important de garder à l'esprit que l'eau est une ressource fragile qu'il convient de préserver. Le cycle naturel de l'eau (souterraine, superficielle, aérienne) souffre souvent d'une consommation d'eau trop intensive et non maîtrisée et de la pollution agricole, industrielle ou ménagère, voire touristique. Il est donc important de ne pas dégrader la qualité des cours d'eau, afin de maintenir leur bon état écologique.

Si les rivières peuvent parfois sembler tumultueuses, beaucoup d'organismes y vivent ; ces êtres vivants composent la « biocénose », tandis que leur milieu de vie est dénommé « biotope ». Biocénose et biotope forment ensemble un « écosystème ». Les écosystèmes des cours d'eau sont particulièrement fragiles, car adaptés à des conditions extrêmes, pouvant fréquemment varier : débits, vitesses, température, stabilité du lit… Les différents êtres vivants ont ainsi développé des spécificités propres pour survivre.

Tout bouleversement de ces écosystèmes provoque d'infimes modifications écologiques qui, si elles restent limitées dans le temps et dans l'espace, seront vite réparées ; mais, en cas de répétitions trop fréquentes ou d'impact trop important, les conséquences seront irrémédiables. C'est pourquoi, il convient de toujours **respecter les lieux** : ne pas salir ou laisser de déchets, ne pas arracher la végétation, ne pas modifier le lit d'une rivière… Cette attention à porter sur la nature environnante, et plus particulièrement sur les cours d'eau, est d'autant plus importante que les usages de cette ressource sont nombreux : faune et flore locales (dans et hors de l'eau), eau potable, irrigation, hydroélectricité…

Pour résumer, respectons la nature ; nous serons les premiers à y trouver notre compte en retour !

Les pictogrammes des fiches techniques

Un QR Code à retrouver sur la carte et à scanner vous indique le point de départ de la randonnée.

Durée moyenne

Niveau de difficulté

Carte IGN

Dénivelé positif

Altitude maximale

Petits rappels sur la randonnée

Le rappel de quelques principes, déjà exposés dans d'autres ouvrages spécialisés, n'est pas superflu pour randonner en toute sécurité :

1. Consulter la météo.

2. Prévoir suffisamment de temps pour réaliser la randonnée et profiter de moments de pause au bord de l'eau.

3. Prendre malgré tout une lampe frontale.

4. Être bien chaussé. Même pour les itinéraires très faciles, proscrivez les semelles lisses et privilégiez des chaussures adaptées à la marche.

5. De l'eau, de l'eau, de l'eau ! D'autant plus que l'eau rencontrée en chemin ne vous donne pas toutes les garanties de potabilité.

6. Vous munir d'une carte, de préférence IGN. Toutes les cartes nécessaires sont référencées dans la fiche technique de chaque randonnée.

7. Un vêtement chaud et un coupe-vent, la météo change vite en montagne et il peut faire frais sur les balades « fraîcheur » !

8. Communiquer votre destination à une personne de confiance de votre entourage.

9. Ne pas sous-estimer ses forces. Même si les itinéraires proposés sont pour la plupart faciles, ne pas hésiter à faire demi-tour si besoin.

10. Pour les randonnées les plus longues, en garder sous le pied pour le retour.

Remerciements

Écrire un livre, même de balades, est un long chemin dans le temps et dans l'espace...

Dans le temps, merci à mes parents qui m'ont offert la possibilité de découvrir très tôt la montagne... mais pas uniquement ! Merci aussi à Jean-Claude et Christiane qui m'ont permis d'épanouir cette passion, non démentie depuis.

Dans l'espace, merci à tous ceux qui m'ont encouragé dans cette aventure de quelques mois, m'ont apporté des idées ou des suggestions, ont pris le temps de tester les parcours et de relire ces pages. Sébastien, il faudra sans nul doute un autre ouvrage pour valoriser toutes tes excellentes idées !

Et plus que tout, dans toutes les dimensions possibles, merci à Sophie, Maewenn et Diego d'avoir été présents avant, pendant et après, balade après balade, jour après jour. Premiers à expérimenter les itinéraires, puis à les refaire, voire à les refaire encore et encore, vous avez prouvé votre patience et votre abnégation... Gui !

Enfin, merci bien évidemment à Juliette et Tristan, des Éditions du Chemin des Crêtes, d'avoir cru en cet ouvrage et de l'avoir si bien accompagné.

01 De saut en saut à la cascade d'Allières

– Vercors –

Accès

Se garer à côté du château d'Allières sur la commune de Varces. On peut aussi se garer un peu plus haut (point (**2**) sur la carte), dans un virage du chemin de Jayères.

Difficulté

Moyenne.
Montée régulière assez raide.

FICHE TECHNIQUE

Entre Claix et Varces

3,4 km

2 h

3235OT

280 m

611 m

Introduction

Cette randonnée au sud de Grenoble, sur les contreforts du Vercors, ne fait pas partie des itinéraires les plus connus. Et pourtant, la cascade d'Allières (ou, pour être plus juste, il faudrait parler « des cascades », car il serait réducteur de minimiser leur nombre) a plusieurs atouts : elle est non loin de Grenoble tout en gardant un cadre sauvage, elle est à l'ombre en deuxième partie de journée, elle offre de belles vues et des lieux agréables pour s'arrêter, et enfin, elle reste un peu moins fréquentée que d'autres sites ayant pignon sur rue !

En arrivant à la cascade, certains pourront choisir de poursuivre plus haut jusqu'au pont de la Pissarde par le chemin indiqué sur la carte (compter 150 m de dénivelé supplémentaire et pratiquement le double de temps).

Itinéraire

1. Remonter la rue du Pré-du-Merle et continuer tout droit par le sentier qui monte le long du ruisseau de la Pissarde. On atteint bientôt le virage d'une route (chemin de Jayères).

À la recherche de fraîcheur...

Chaque cascade est l'occasion de profiter de la proximité de l'eau !

Comme certaines sont plus difficiles d'accès dans la montée, privilégiez les deux traversées au point haut de la balade, au niveau de la cascade (4).

Un dernier passage près de l'eau, en fin de randonnée (7), peut permettre une nouvelle fois de profiter des lieux avant de retrouver la vie citadine.

Au pied de l'une des cascades de la Pissarde
© Audrey Berthaut-Gerentès

2. Remonter la route sur quelques mètres et prendre le chemin à gauche qui continue à monter (direction « la Pissarde »).

3. Le cheminement est assez raide, rester sur le chemin le plus évident qui monte régulièrement. Les sentiers partant à gauche permettent de se rapprocher du cours d'eau et de profiter de belles vues sur les cascades. Attention toutefois, certains de ces sentiers présentent quelques petites difficultés (chemins étroits, parfois glissants, avec quelques « marches »), et restent donc accessibles aux plus expérimentés.

4. On arrive finalement à une route par quelques marches (pancartes visibles).

Deux possibilités existent pour traverser la Pissarde :
- Revenir un peu sur ses pas pour passer une barrière en bois et traverser la rivière à ce niveau avant de remonter sur l'autre rive. Ce passage permet de profiter de la belle cascade qui s'y cache.

Vasque dans la partie haute

Vue sur la vallée du Drac

- Ou bien gagner la route et prendre à gauche dans le virage un chemin qui descend jusqu'à la rivière et la traverser (en pointillé sur la carte).

5. Dans les deux cas, on tombe sur un embranchement en T ; prendre à gauche pour retrouver un chemin qui va bientôt redescendre en offrant de belles vues sur l'aval du Drac.

6. Une fois que l'on rentre dans la forêt, prendre le premier sentier qui tourne très nettement à gauche pour poursuivre par le sentier principal qui va tout droit en descendant légèrement pour revenir à proximité de la Pissarde.

7. Il est alors possible de retraverser le ruisseau pour rejoindre le point (2) (le sentier tourne à gauche face au transformateur EDF) et reprendre le chemin du départ à droite jusqu'au parking. Sinon, rester en rive droite de la Pissarde et rejoindre l'impasse de la cascade que l'on redescendra jusqu'au parking.

Tique et maladie de Lyme

Les tiques sont aujourd'hui répandues partout en France, surtout en dessous de 1500 m d'altitude, et vivent dans les zones boisées et humides, les herbes hautes des prairies, mais aussi les jardins et les parcs forestiers ou urbains.

Outre le fait qu'elles peuvent s'accrocher à notre peau, les tiques peuvent parfois transmettre lors de leur piqûre une maladie appelée **maladie de Lyme**. Les contaminations humaines sont plus fréquentes entre le début du printemps et la fin de l'automne. Pour rappel, les tiques ne sont pas toutes infectées: elles doivent être porteuses de la bactérie *Borrelia burgdorferi*.

L'infection est souvent sans symptôme mais peut, dans certains cas, entraîner une maladie parfois invalidante (douleurs articulaires durables, paralysie partielle des membres...).

À la suite d'une piqûre de tique, le risque de développer la maladie de Lyme est faible si la tique reste accrochée à la peau moins de 24 heures, et ce même dans les secteurs à haut risque. Toutefois, ce risque augmente si la tique reste accrochée plus longtemps. Il est donc important de s'inspecter au retour des balades et de retirer la tique de la peau le plus rapidement possible avec un outil adapté comme le tire tique.

Quand l'eau joue à cache-cache avec les rochers...

Replat dédié à la détente entre deux cascades...

02 Au-delà des cuves de Sassenage

– Vercors –

Accès

Se garer dans le centre de Sassenage (parking gratuit) – quelques places limitées sont aussi possibles au pied du parc.

Difficulté

Moyenne.
Quelques passages glissants, notamment après les cuves.

FICHE TECHNIQUE

Sassenage	2,5 km
1 h 30	3235OT
250 m	427 m

La dernière « plage » avant la descente

Introduction

De nombreux promeneurs, venant pour la plupart de Grenoble, se retrouvent en ces lieux très ombragés. Certains ont même pour objectif la visite des grottes, à pied, en spéléologie ou même en accro-grotte, une spécificité du coin… Attention donc à l'affluence éventuelle !

Le chemin, en rive droite du Furon, monte quelque peu mais permet assez vite d'accéder à la rivière.

Non loin des cuves, prenez le temps de poursuivre le chemin pentu qui monte. En effet, la plupart des promeneurs négligent cette partie plus en amont ; pourtant, en ces lieux, les gorges sont superbes et disposent de belles vasques. Tout au bout, on s'étonnera même d'une zone plane, invitant à la flânerie.

Il est possible de redescendre par les lotissements, mais il semble quand même plus intéressant de revenir quelque peu sur ses pas pour prendre le chemin en rive gauche du Furon pour la descente.

Quelle que soit l'option retenue, on comprendra aisément pourquoi ce lieu idyllique aura été une telle source d'inspiration légendaire et littéraire !

Itinéraire

1. Dans le centre, prendre le « chemin des Cuves » qui mène à un parc. Dès le départ, il est possible de monter soit par les marches, soit par le sentier. Quelques points de vue sur le cours d'eau se découvrent durant la montée, avant de finalement pouvoir rejoindre le bord du Furon.

2. Plus haut, en poursuivant le chemin en rive droite, on arrive à la guérite de l'accueil des grottes. Franchir le torrent par la passerelle (d'où l'on voit la grotte sur la gauche) et monter voir l'entrée des cuves ; il est d'ailleurs possible de les visiter. Redescendre un peu pour poursuivre en direction du Furon.

Depuis le parvis des cuves, il est aussi possible de prendre directement le chemin, peu commode, que l'on distingue (pointillés sur la carte). Attention cependant, ce sentier est parfois fermé.

3. Au niveau du Furon, tourner à gauche juste avant une passerelle (qui sera le chemin de retour) sur un sentier qui monte raide (terrain glissant). De nombreuses vasques et cascades ponctuent ce parcours et des petits sentiers permettent de s'en rapprocher. Longer la rive droite du Furon sans s'en écarter.

4. Franchir une nouvelle passerelle en caillebotis, au niveau des arches en pierre. De là, il est possible de poursuivre encore un peu vers l'amont jusqu'à une zone étonnamment calme, propice au pique-nique.

5. Redescendre par le même chemin, puis prendre à gauche à la passerelle.

6. Rester ensuite en rive gauche du Furon où l'on peut profiter de superbes points de vue et d'accès à la rivière.

7. En arrivant sur la route, bien garder sa droite pour revenir au point de départ.

8. Une autre possibilité est d'emprunter à partir des arches le sentier qui domine les gorges en rive gauche (Furon à main droite).

On débouche bientôt sur la rue Pierre-Dalloz que l'on descend jusqu'à une croix, l'entrée du domaine de Beaurevoir.

9. À la croix, prendre à droite un sentier indiquant le « Château de Sassenage » qui ramène au pied de la descente du premier itinéraire (7).

Château de Beaurevoir et Thomas Passe-Mondes

Surplombant Sassenage avec majesté, le château de Beaurevoir paraît tout droit sorti d'un conte de fées. L'intérêt qu'il suscite est d'autant plus fort que son « secret » est inaccessible aux curieux puisque c'est une propriété privée qui s'étend sur 25 hectares.

Le château, qui s'appelait à l'époque Beauregard, fut construit à la fin du XIXe siècle par un riche industriel grenoblois, le gantier Alphonse Terray, grand-père de l'alpiniste Lionnel Terray qui participa à la célèbre ascension de l'Annapurna en 1950.

Seul Thomas « Passe-Mondes », héros du romancier Éric Tasset (né à Grenoble), connaît parfaitement ce château... Mais n'est pas Passe-Mondes qui veut, et le mystérieux monde d'Anaclasis reste un mystère à découvrir dans une saga palpitante !

À la recherche de fraîcheur…

La partie basse offre bien entendu de belles haltes où profiter de l'eau, notamment à un passage possible d'une rive à l'autre à mi-chemin.

Toutefois, les coins les plus sauvages se trouvent plus haut, dans la partie méconnue : on pourra ainsi profiter de vasques non loin des cuves, là où le sentier est raide.

On pourra aussi découvrir la grande « plage », plus adaptée aux plus jeunes, tout au bout du chemin et dont l'accès peut éventuellement se faire en voiture par le haut.

Mélusine à Sassenage

La fée Mélusine, selon la légende, serait venue se réfugier dans la région après avoir été maudite par sa mère.

Tous les samedis, ses jambes se transformaient en queue de serpent et nul ne devait la voir, sous peine de rester à jamais mi-femme mi-serpent. Dès le samedi matin, Mélusine se réfugiait dans les cuves de Sassenage, où elle se baignait jusqu'à retrouver ses jambes. Un jour, elle croisa, au bord du Furon, le jeune seigneur de Sassenage. Ils tombèrent amoureux, et elle n'accepta le mariage qu'à la condition de ne pas être vue le jour maudit. Des années passèrent et le mari devint de plus en plus jaloux. Il espionna sa femme un de ces mystérieux samedis et la découvrit avec sa queue de serpent. Condamnée à rester sous cette forme pour l'éternité, Mélusine s'enfuit dans les profondeurs des cuves.

Depuis, prisonnière de la grotte, elle se fait de temps en temps entendre dans les cuves. Ses larmes se sont transformées en galets magiques appelés « pierres ophtalmiques de Sassenage » ou « larmes de Mélusine », supposées soigner les troubles ophtalmiques.

Cascade intermédiaire © Sébastien Langlais

© Sébastien Langlais

03 Depuis le pont Charvet

– Vercors –

Accès

Quelques places de parking au bout de la route du pont Charvet.

Difficulté

Facile.

FICHE TECHNIQUE

Sassenage	3 km
1 h 30	3235OT
130 m	600 m

Introduction

Ici, nous ne sommes qu'à quelques encablures de la très fameuse – et très fréquentée – randonnée des cuves de Sassenage (cf. page 18). Il existe d'ailleurs une possibilité de relier les deux circuits en comptant quelques centaines de mètres supplémentaires.

Ici, toutefois, pas de foule. Plutôt une ambiance au recueillement, devant le mémorial Jean Prévost, écrivain et résistant mort pour la France en août 1944 en ce lieu, ainsi que quatre autres hommes.

À la recherche de fraîcheur...

Si l'accès au lit du Furon et la baignade sont interdits (merci de respecter cette interdiction, les risques étant réels), les points de vue depuis le sentier sont autant de moments où l'on pourra profiter de la fraîcheur prodiguée par le cours d'eau, qui offre de superbes vasques profondes aux eaux tantôt claires, tantôt sombres.

la Grande Rivoire
D/A
458
Mon. Plle
les Portes d'Engins
1
654
Pont Charvet
D 531
2
705
579
Bois du Blanc
5
3
Plle
PR
Sce
555
4
711
Fonds Bonnier
842
aliarey
P

Le Furon

Plus loin, l'histoire de la vallée refait surface, avec les ruines de l'ancienne usine hydroélectrique d'Engins, aujourd'hui laissée à l'abandon. Enfin, on pourra jeter un œil à l'un des tout premiers parcours de canyoning de la région (avec l'Infernet en Chartreuse), et dont le succès reste intact encore aujourd'hui.

Cet itinéraire, facile et familial, permet ainsi de glaner un moment de répit, un havre de paix, tout en étant à deux pas de la métropole.

Itinéraire

Depuis le parking, suivre la route forestière qui monte le long du Furon. On atteint rapidement le mémorial dédié à l'écrivain et résistant Jean Prévost.

Vue sur la Chartreuse

1. Au pont Charvet, continuer à remonter le long du cours d'eau en rive gauche.

2. 450 m plus loin, au moment où le sentier remonte et s'éloigne du cours d'eau, prendre une sente partant sur la gauche pour se rapprocher de nouveau de l'eau. Attention à rester prudent, le cheminement peut parfois être glissant. Plusieurs possibilités existent, passant plus ou moins près de la rivière et offrant souvent de belles vues sur les vasques.

3. Après 400 m, on trouve une passerelle de béton qui permet de franchir le Furon et de rejoindre en rive droite l'ancienne usine hydroélectrique d'Engins (attention, de nombreux déchets sont hélas restés à proximité). En poursuivant sur 150 m, on franchit de nouveau le cours d'eau via un pont.

4. La piste fait alors une épingle à cheveux sur la droite. L'emprunter pour revenir progressivement, en montant encore un peu.

À noter qu'au virage, un chemin raide et aérien se poursuit tout droit vers l'amont, le long du Furon en rive gauche, et offre des vues magnifiques sur les vasques dans le canyon.

5. Au bout de 300 m, délaisser le virage vers la gauche pour continuer tout droit par un sentier qui redescend enfin et ramène au point de départ.

Ernest Dusaugey, pionnier de l'énergie hydroélectrique en Isère

En 1898, une centrale hydroélectrique est mise en service à Engins, avec une tension alors nouvelle de 15 000 volts en triphasé grâce à un ingénieur, Ernest Dusaugey qui, à l'époque, ne voulut utiliser que du matériel français.

C'est le même homme qui, un peu plus tard, fait triompher l'aluminium sur le cuivre pour les lignes de courant. Il transporte via des lignes en aluminium le courant sous une tension de 60 000 volts entre la vallée de l'Eau d'Olle et le Grésivaudan en passant par Belledonne via le Pas de la Coche, parcourant ainsi moins de 20 km, au lieu de 70 km par les vallées.

C'est toujours lui qui, dès 1920, repéra et détermina l'emplacement du barrage du Sautet sur le Drac, l'un des premiers grands barrages à être construit, mis en service en 1935...

Canyoning et autres merveilles

Ces balades fraîcheur sont un bon prétexte pour découvrir les richesses des cours d'eau de notre région pour de simples randonneurs. Cependant, les parties les plus encaissées, les plus belles formes d'érosion, ne sont souvent accessibles qu'aux adeptes de spéléologie ou de canyoning (ou canyonisme), nécessitant des compétences et du matériel spécifiques.

On ne saurait trop recommander de faire appel aux services de professionnels (moniteur de canyoning, guide spéléo, etc.) pour profiter en sécurité de ces merveilles de la nature. D'autant que la région dispose de véritables joyaux en la matière, comme le canyon de l'Infernet en Chartreuse, ou celui des Écouges dans le Vercors qui a été popularisé par Nicolas Hulot, en 1992, dans sa célèbre émission Ushuaïa.

Pour les moins téméraires, on conseille également la visite de certaines grottes aménagées, comme celle de Choranche dans le Vercors ou de Saint-Christophe-la-Grotte en Chartreuse, qui vous garantiront de ne pas souffrir de la chaleur !

Rappel en canyoning © Sébastien Langlais

04 Dans le silence du Bruyant

– Vercors –

Accès

Sur la route de Lans-en-Vercors, petit parking indiquant « Gorges du Bruyant » (vite pris d'assaut les beaux jours).

Difficulté

Facile – quelques passages un peu raides sur la fin de la descente.

FICHE TECHNIQUE

Engins	7,5 km
3 h	3235OT
350 m	1 133 m

En remontant les gorges

Introduction

Voici une balade sans aucun doute très connue… Mieux vaut d'ailleurs arriver tôt pour trouver une place sur le parking situé en bord de route !

Si les lieux à proximité du parking sont souvent pris d'assaut, peu de gens s'aventurent très loin ou réalisent la boucle entière, la plupart préférant flâner le long du ruisseau, pique-niquer à l'ombre et profiter de ce coin frais d'altitude.

Pourtant, si le dénivelé et la longueur de la randonnée ne sont pas une contrainte pour vous, les points de vue et la diversité des paysages valent le détour. Et puis, quel plaisir de se retrouver seuls dans des paysages bucoliques, avant de regagner les bords si prisés du Furon à l'arrivée !

D'ailleurs, on pourra noter l'intérêt patrimonial du lieu : la présence de meules et des restes d'anciennes voûtes à l'amont des gorges témoignent de l'existence d'un ancien moulin dont les premières traces datent de 1636.

Vue sur la vallée du Furon

À la recherche de fraîcheur…

Le départ de la balade est évidemment propice aux jeux d'eau et au pique-nique : ombre, tables, eau… et de ce fait à l'affluence des promeneurs, assurément ! Il est préférable de venir en début ou en fin de saison pour davantage de tranquillité.

Sur le chemin, les possibilités de faire une pause au bord du cours d'eau sont nombreuses. Certes, les lieux sont plus sauvages mais on y gagne en sérénité.

Un compromis peut être trouvé au niveau de l'ancien moulin : fraîcheur, cascades, pierres pour se reposer… Reste à savoir si vous aurez le courage de continuer ensuite !

Itinéraire

1. Emprunter une passerelle franchissant le Furon et prendre la piste à gauche, puis à droite au niveau d'une prairie (aire de pique-nique) qui s'engage dans les gorges, le long du torrent du Bruyant.

On chemine alors de rive en rive, en empruntant plusieurs passerelles.

2. On atteint bientôt une belle cascade, au niveau des ruines d'un ancien moulin. Emprunter alors une piste forestière un peu raide qui arrive sur le chemin du Bruyant.

3. À l'intersection avec une autre piste, prendre à droite et continuer tout droit en laissant les chemins privés qui virent sur la droite.

Le chemin devient goudronné juste avant d'arriver à la croix de Lichou.

4. À la croix, tourner à droite sur une partie plate pour aller jusqu'au point de vue du Bec de l'Aigle, situé à 5 minutes (rester vigilant avec des enfants).

5. En revenant du Bec, prendre à droite au premier croisement sur une piste qui descend progressivement.

6. En débouchant sur une prairie, tourner à droite et continuer la descente jusqu'à « la Combe », correspondant à une intersection avant un ruisseau (**7**) où l'on prend à droite en direction du point de départ.

8. Longer le ruisseau par un petit sentier avant de retrouver la forêt puis une zone de roche pentue et glissante qui permet de retrouver le Furon par quelques derniers passages un peu raides.

9. Prendre finalement à droite sur le sentier qui devient une large piste et longe le Furon en rive droite puis ramène au parking.

Les barrages de galets

Les cours d'eau constituent des lieux de vie pour de nombreuses espèces animales : poissons, insectes, invertébrés...

La création de « barrages » au moyen de galets peut avoir plusieurs impacts négatifs : ils segmentent le cours d'eau et empêchent la bonne circulation de ses occupants notamment au moment de leur reproduction.

L'eau y stagne et se réchauffe, occasionnant des dégâts irréversibles sur les écosystèmes. En effet, certaines espèces ont besoin d'eau froide, une augmentation de quelques degrés peut suffire à les faire disparaître.

Ajoutons à cela le dérangement pour toute la microfaune aquatique lors de leur construction...

Il vaut donc mieux éviter si possible la construction de ces barrages ; au même titre que l'on ramasse ses déchets ou que l'on limite notre impact sur l'environnement, les barrages de cailloux doivent rester temporaires et être démontés après chaque création.

05 Un amour de Fauge

– Vercors –

Cascade de la Fauge

FICHE TECHNIQUE

Villard-de-Lans	6,6 km
3 h	3235OT
330 m	1 346 m

Accès

Se garer au petit parking à deux pas du lycée Jean Prévost, rue de Tintaine.

Difficulté

Facile.

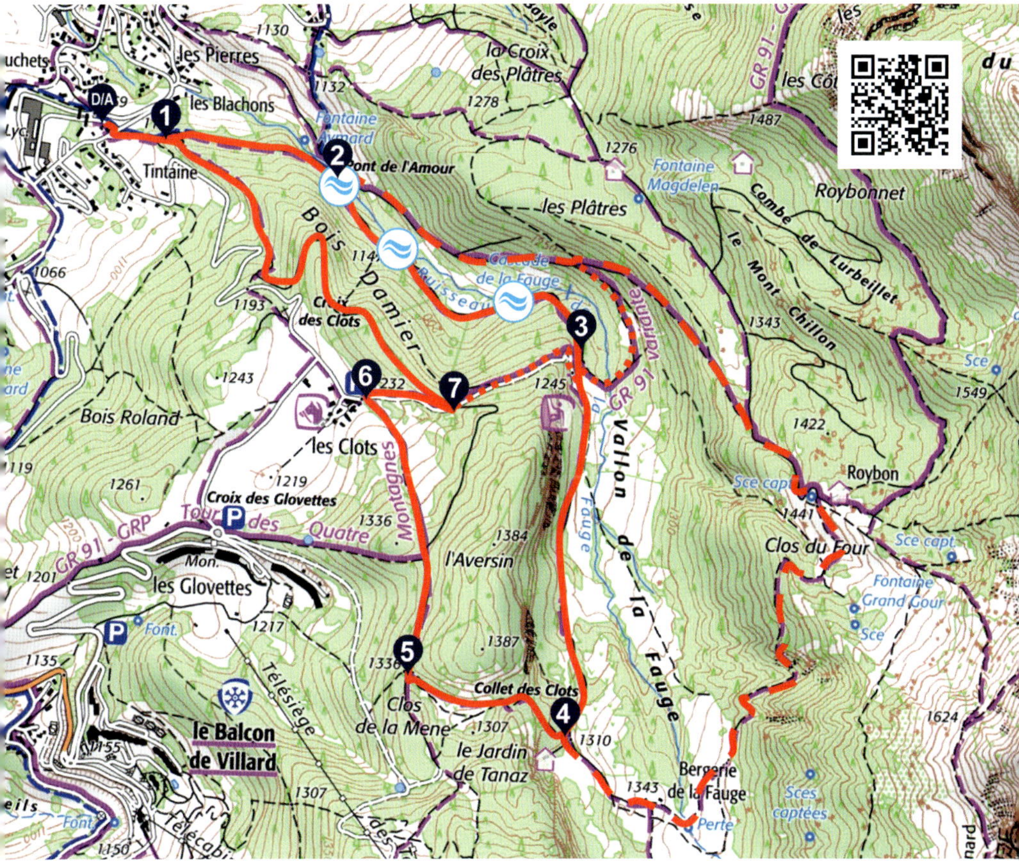

Introduction

Le Vercors est une terre de contraste d'un point de vue hydrologique : les cours d'eau sont plutôt « courants » sur les contreforts, aussi bien au nord qu'au sud, mais plutôt discrets en surface sur le plateau, voire absents sur les Hauts Plateaux du Vercors.

Si les stars hydrauliques du plateau sont sans nul doute la Bourne dont les gorges sont fameuses, et le Furon, dont les canyonings attirent un public nombreux, il serait dommage de sous-estimer la beauté de leurs affluents, et notamment le Bruyant (voir la balade du silence du Bruyant, page 30) et la Fauge, qui offre au départ de Villard-de-Lans la possibilité d'une escapade tout en douceur dans des paysages sauvages.

Cette balade est l'occasion de découvrir le pont de l'Amour, la petite cascade de Fauge et le vallon éponyme, où charme et repos semblent être les maîtres mots.

Itinéraire

1. Remonter la petite route (panneau « Bois Damier ») et prendre le chemin qui part à gauche en direction du « Pont de l'Amour ».

2. Au pont de l'Amour, remonter le cours d'eau en rive gauche pendant 450 m jusqu'à la cascade de la Fauge, que l'on atteint en empruntant un petit chemin sur la gauche (10 minutes aller-retour).

3. Poursuivre jusqu'à l'intersection de la Fauge, et continuer tout droit en direction de l'abri de la Fauge.

4. À l'abri de la Fauge, prendre à droite en direction des Clots et monter jusqu'à « la Cote ».

5. Descendre par la piste forestière jusqu'à l'Aversin puis le hameau des Clots, légèrement sur la gauche en descendant.

6. Au parking des Clots, remonter sur la piste qui part à droite en direction du « Col Vert ».

7. 250 m plus loin, tourner nettement à gauche à l'intersection sur une piste qui redescend et permet de rejoindre le point de départ.

Au (4), il est possible de revenir par la rive droite de la Fauge en traversant le cours d'eau au niveau de l'abri de la Fauge, puis en suivant la cabane de Roybon ; le sentier

Le vallon de la Fauge

monte régulièrement et est la plupart du temps en forêt. Une fois la cabane de Roybon atteinte, il suffit de redescendre vers le pont de l'Amour (2) pour revenir au parking. Enfin, si l'un ou l'autre de ces deux cheminements est trop long, il est toujours possible de couper un peu au niveau de la Fauge (point (3) – pointillés fins).

À la recherche de fraîcheur...

Il est entendu que le pont de l'Amour et la cascade de la Fauge sont propices aux jeux d'eau (ne pas oublier de passer « derrière » la cascade !).

Pour autant, il est possible de faire une pause pratiquement tout le long du cours d'eau, afin de profiter d'un peu de tranquillité en cas d'affluence.

Bois ou cornes ?

Cerf, chamois, chevreuil, bouquetin... Peut-être aurez-vous la chance de croiser l'un de ces ongulés sur votre chemin. Mais portent-ils des bois ou des cornes ?

Dans nos massifs, les **cornes** poussent sur la tête des bovidés (chamois, bouquetins, mouflons...), alors que les **bois** sont l'apanage des cervidés (chevreuils, cerfs...).

Les **cornes** sont creuses et formées de kératine qui recouvre généralement une base osseuse. Elles sont généralement présentes chez les mâles et les femelles mais elles peuvent avoir des tailles et des formes différentes. Ainsi, celles du bouquetin mâle peuvent atteindre plus d'un mètre, alors que celles de la femelle dépasseront à peine les oreilles. On peut noter que chez les mouflons, la femelle n'a pas toujours de cornes. Les cornes sont pérennes et à croissance continue.

Les **bois** sont des organes osseux vascularisés qui ne se trouvent généralement que chez les mâles. Certaines exceptions existent sous d'autres latitudes; ainsi, la femelle du renne porte aussi des bois, bien qu'ils soient nettement plus petits que ceux du mâle. Les bois sont caducs et tombent chaque année à la période du rut, avant de repousser ensuite.

Enfin, il ne faut pas les confondre avec les **défenses** du sanglier (mais aussi de l'éléphant et du narval, entre autres), qui correspondent à certaines de leurs dents très développées.

06 Veurey et la Voroize

– Vercors –

Accès

Parking à l'entrée du village.

Difficulté

Facile – aquatique et technique pour aller voir la cascade (pieds mouillés).

FICHE TECHNIQUE

Départ	Veurey-Voroize	Distance	3,3 km
Durée	2 h	Carte	3235OT
Dénivelé	200 m	Altitude max.	378 m

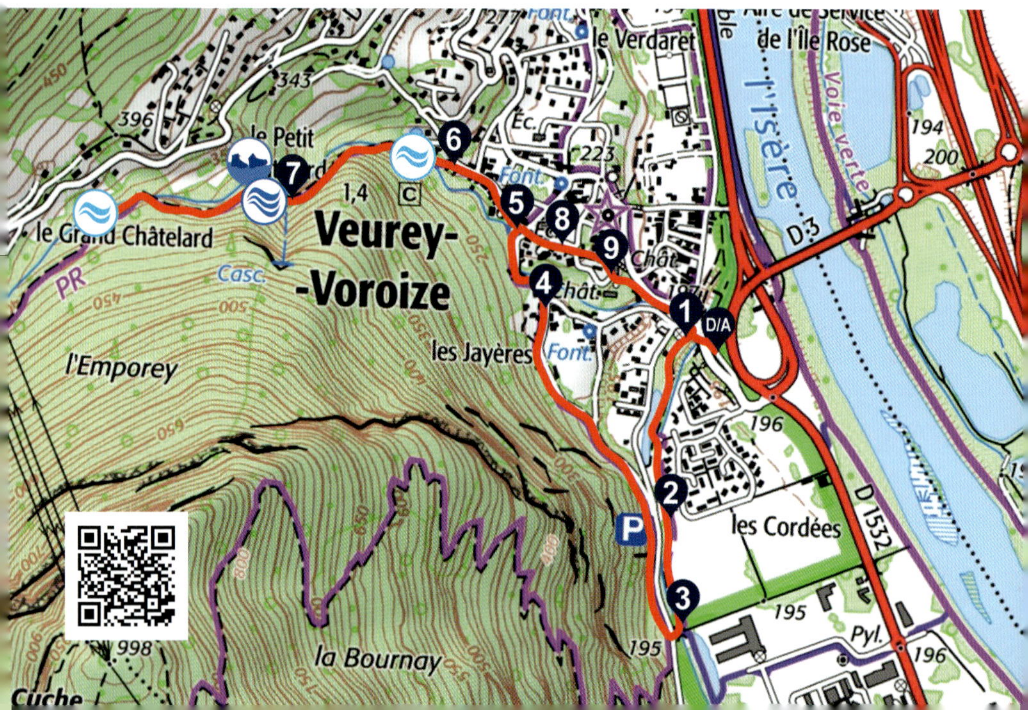

Au départ de la balade

Introduction

Bien loin des vedettes de la région, et malgré sa proximité avec l'agglomération grenobloise, la Voroize n'est pas la destination à laquelle on aurait pensé de prime abord. Et pourtant, cette balade possède un charme indéniable.

Tout commence dans la plaine, là où la chaleur est parfois pesante. Les premiers mètres donnent un avant-goût de la suite, entre canaux et plan d'eau… mais il ne faut pas encore compter sur une sensation de frais ! Plus loin, c'est le charmant village de Veurey-Voroize qui vous accueille dans ses ruelles.

Puis arrivent les bords de la Voroize. La température descend alors de plusieurs degrés en quelques mètres parcourus ! Dès lors, les lieux propices à la pause sont multiples : soit dès l'arrivée au bord de la rivière, soit plus haut, en remontant quelque peu la rive droite. Une option est proposée pour ceux qui accepteront de mettre les pieds dans l'eau, afin d'aller découvrir une belle cascade peu fréquentée…

Enfin, en redescendant, malgré le retour à des températures de vallée, on ne boudera pas la superbe vue sur la Chartreuse qui s'offre à nous : Grande Sure, aiguille de Chalais, Rochers de Chalves, Néron et même le Taillefer en second plan !

Vue sur la Chartreuse

Itinéraire

1. Prendre la route en direction du village. Juste après le pont, prendre à gauche sur un sentier longeant le canal, puis des petits plans d'eau.

2. Rejoindre la route que l'on prend à gauche sur moins de 100 m.

3. Tourner à droite à la pancarte « Les Cordées » en direction du « Tour des Templiers » sur une piste qui monte. On retrouve bientôt une petite route que l'on poursuit.

4. À la pancarte « Les Jayères », garder sa gauche, toujours en direction du « Tour des Templiers ». Franchir le cours d'eau et remonter jusqu'à la place du Perron.

5. Prendre la rue de la Gilbertière qui monte à gauche. Poursuivre sur 200 m pour finalement tourner à gauche (balisage jaune et parking non goudronné).

À partir de ce point, l'itinéraire est un aller-retour, avec donc la possibilité de s'arrêter quand on le souhaite.

À noter qu'une boucle, longue, éprouvante et à réserver aux marcheurs expérimentés, permet de faire le tour de la Cuche pour revenir aux Cordées (indication « PR » sur la carte IGN).

6. Remonter le sentier qui longe la Voroize en rive droite. La montée est relativement soutenue par moments, mais sans difficulté. Il est judicieux de remonter au moins jusqu'à la cascade que l'on aperçoit après 500 m, voire jusqu'aux barrières en bois et au-dessus de la cascade : on sera récompensé par de beaux sites au bord de l'eau pour faire une pause.

7. Un peu avant la cascade, avant un virage conforté par des rondins de bois, une sente descend à droite vers le cours d'eau. C'est l'occasion de flâner au bord de l'eau. Les plus courageux pourront remonter le ruisseau, en alternant les pieds dans l'eau et des semblants de sente en rive droite, pour gagner le pied de la belle cascade (aller-retour ; prudence, les rochers sont glissants).

De retour à la route (**6**), redescendre jusqu'à la place du Perron (**5**).

8. Là, tourner légèrement à gauche puis immédiatement à droite pour prendre le chemin des Tilleuls qui continue en descente. Bien rester sur le trottoir de droite afin de passer par le cheminement piéton entre deux murs en pierres (indication « Bibliothèque – accès piétons »).

9. Descendre les volées d'escaliers pour rejoindre la route qu'on longe en descendant et revenir au parking.

Le milan noir

Un cri, une ombre... Quel est donc ce rapace qui vole dans le ciel ?

Les milans sont des rapaces généralement reconnaissables à la forme de leur queue, en « V ».

Le **milan noir** (*Milvus migrans*), espèce très répandue, est généralement observé dans les vallées de montagne et les terrains bas. Il affectionne la présence de grands arbres ou d'escarpements rocheux favorables à la nidification, ainsi que la proximité de cours d'eau, de lacs ou d'étangs nécessaires à son alimentation. Il peut également s'apercevoir en bordure des villes.

Le milan noir et le **milan royal** (*Milvus milvus*) se différencient selon plusieurs critères (échancrure de la queue, couleur du plumage et de la tête, digitation, envergure, cri), même s'il n'est pas toujours évident de ne pas se tromper. On retiendra que la queue du milan royal est plus échancrée que celle du milan noir.

La **buse variable**, quant à elle, possède une queue à la forme arrondie.

Milan noir

Milan royal

Buse variable

À la recherche de fraîcheur...

Le cheminement au bord de la Voroize, le plus souvent à l'ombre, permet de bénéficier de beaux lieux de fraîcheur, avec à maintes occasions la possibilité de profiter de la rivière !

Une cascade confidentielle sur la Voroize

07 Entre Drevenne et Gorgonnet

– Vercors –

Accès

Parking du cimetière.
La zone plus proche du pont de la Gaffe est interdite depuis 2022.

Difficulté

Facile.

FICHE TECHNIQUE

Lieu	Rovon	Distance	7,5 km
Durée	3 h	Carte	3235OT
Dénivelé	200 m	Altitude	344 m

Depuis la passerelle de la Gaffe

Introduction

Bienvenue dans un coin de paradis !

Même s'il vous faut marcher quelque peu avant de l'atteindre, l'arrivée à la passerelle de la Gaffe est un moment surprenant, et le sera encore plus pour ceux qui pourront remonter la rivière sur quelques mètres en amont par les rochers (parfois glissants). Les vasques qui y prennent leurs aises constituent d'ailleurs l'arrivée d'un magnifique parcours de canyoning.

Par ailleurs, la balade offre des vues vertigineuses sur la Drevenne, dans le canyon du Gorgonnet, tout en longeant une belle tufière. Si, après tant de beauté à flanc de montagne, le retour peut sembler un peu long, une halte dans le petit village de Rovon viendra compléter agréablement cette belle balade.

Itinéraire

1. Prendre la petite route (chemin du Mollard) qui part au sud-est en direction des Buissières. 250 m plus loin, au carrefour des Buissières (pancarte), prendre à gauche sur le chemin des Buissières. La route se change bientôt en chemin, que l'on poursuit.

2. Après 400 m, au niveau d'une prairie, rester sur la piste partant à gauche et la poursuivre jusqu'à arriver de nouveau à des habitations, au lieu-dit « Le Rez ».

3. Prendre à droite sur le « chemin des Rez » que l'on poursuit jusqu'au bout (panneau interdit « sauf ayants droit et autorisation »).

4. La route se transforme bientôt en piste qui monte régulièrement par les gorges du Gorgonnet, longeant une conduite forcée et offrant des points de vue vertigineux sur le canyon en contrebas et de belles tufières sur la falaise longeant le chemin.

5. À l'intersection « Passerelle de la Gaffe », prendre à gauche par une piste qui descend et mène au bord de la Drevenne. On pourra se rendre près des vasques (passage à gué possible lors de basses eaux) avant d'emprunter la passerelle.

On peut poursuivre sur quelques dizaines de mètres le chemin en direction de « Cognin les G. » ; l'accès à la Drevenne est encore possible ponctuellement.

6. Sur l'autre rive, emprunter la piste partant à gauche et qui, au bout de 800 m de plat, mène à la pancarte « Le Moléron ».

7. Continuer à gauche et prendre un sentier qui descend sur la droite sur une centaine de mètres. On rejoint la route au niveau d'une ferme.

8. 50 m plus bas, à la pancarte « Réservoir de la Gabouille », prendre le sentier à gauche et descendre jusqu'à une route que l'on prend à droite.

9. À la pancarte « Sous le rocher », garder sa gauche pour rejoindre le lieu-dit « La Barrillonnière ».

Au niveau de la maison, il est possible de traverser la Drevenne à gué au niveau d'un seuil.

10. On arrive au pont de la Drevenne, à gauche, que l'on franchit.

Là, il existe deux possibilités :

• Poursuivre tout droit et emprunter la petite route (direction « Rovon ») pour finalement retrouver le parking (pointillés).

• Tourner à gauche en direction de Malleval jusqu'aux Rez où l'on poursuit tout droit (direction « Rovon ») par la route du chemin du Néron.

11. Au croisement du chemin du Néron et du chemin des Rez, continuer tout droit sur l'impasse des Rez pour retrouver le sentier de l'aller qui mène au parking du cimetière.

À la recherche de fraîcheur...

Le point d'orgue est indéniablement la proximité de la passerelle de la Gaffe.

En effet, la Drevenne offre pour les moins frileux des possibilités de baignade dans des vasques profondes et turquoises.

L'hydroélectricité et les conduites forcées

Qui dit rivière dit parfois énergie hydroélectrique... Et bien souvent, dans nos massifs, conduite forcée !

Une **conduite forcée** est un ensemble de tuyaux permettant d'amener l'eau sous pression d'un réservoir en amont (barrage) jusqu'aux turbines installées dans une centrale hydroélectrique. Les conduites forcées peuvent être aériennes ou souterraines.

Sommairement, la puissance P (kW) des turbines d'une centrale hydroélectrique dépend :
- du débit turbiné Q (m^3/s),
- de la hauteur de chute H (m),
- du rendement des turbines R (généralement compris entre 0,6 et 0,9).

P = 9,81 x Q x H x R

On distingue :
- les centrales hydroélectriques de moyenne et haute chute, pour lesquelles la puissance est principalement apportée par la **hauteur de chute** et l'arrivée de l'eau se fait via une conduite forcée ;
- les centrales de basse chute, pour lesquelles la puissance provient principalement du **débit turbiné** et l'arrivée de l'eau se fait plutôt par un canal d'amenée.

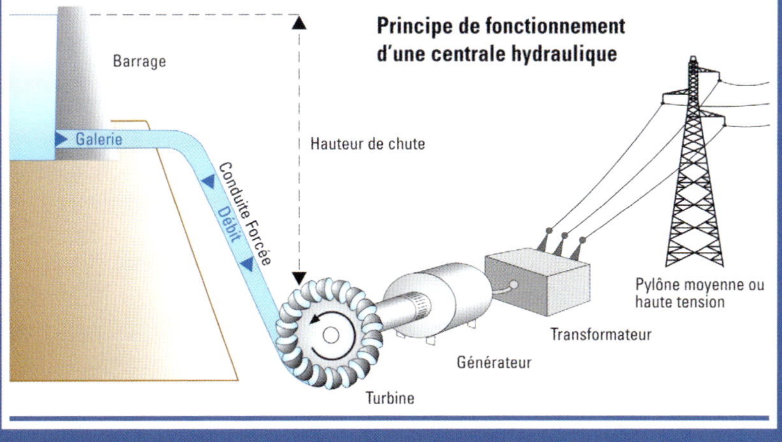

08 Les gorges du Nan

– Vercors –

Accès

Se garer devant l'église de Cognin-les-Gorges.

Difficulté

Moyenne.
La longueur de la boucle est la principale difficulté.

FICHE TECHNIQUE

Cognin-les-Gorges	1 km à 8,2 km
1 h à 4 h	3235OT
100 m à 750 m	932 m

Introduction

Les contreforts du Vercors sont constitués d'endroits tous plus mystérieux les uns que les autres. À l'est, en vis-à-vis de l'agglomération grenobloise, les falaises rendent l'abord du massif plutôt austère ; mais au nord, les pentes sont moins fortes et les rivières ont fait naître des paysages comparables à ceux que l'on pourrait trouver dans les parcs du Costa Rica. De même que la Drevenne (voir « Entre Drevenne et Gorgonnet » page 46) ou la Bourne, le Nan en est un excellent exemple.

Tout commence dans le village de Cognin-les-Gorges, au charme fou. D'ailleurs, le vieux village et son église du XIIe siècle sont classés à l'inventaire des bâtiments de France depuis 1947. Ses séchoirs à noix, et plus particulièrement le vieux séchoir du XVIIIe siècle, classé monument historique et plus vieux séchoir d'Isère, valent le coup d'œil.

Le sentier offre très vite de nombreuses haltes au bord de l'eau… D'ailleurs, les moins courageux ou les plus « aquaphiles » s'en contenteront : la boucle proposée fait l'objet d'une très belle balade, mais la suite est plus traditionnelle… et pourrait déplaire aux plus jeunes par sa longueur et son dénivelé !

Notez que vous aurez peut-être aussi la chance de voir sur les flancs escarpés de la rive gauche du Nan quelques chamois montrant leurs talents de grimpeurs tout terrain…

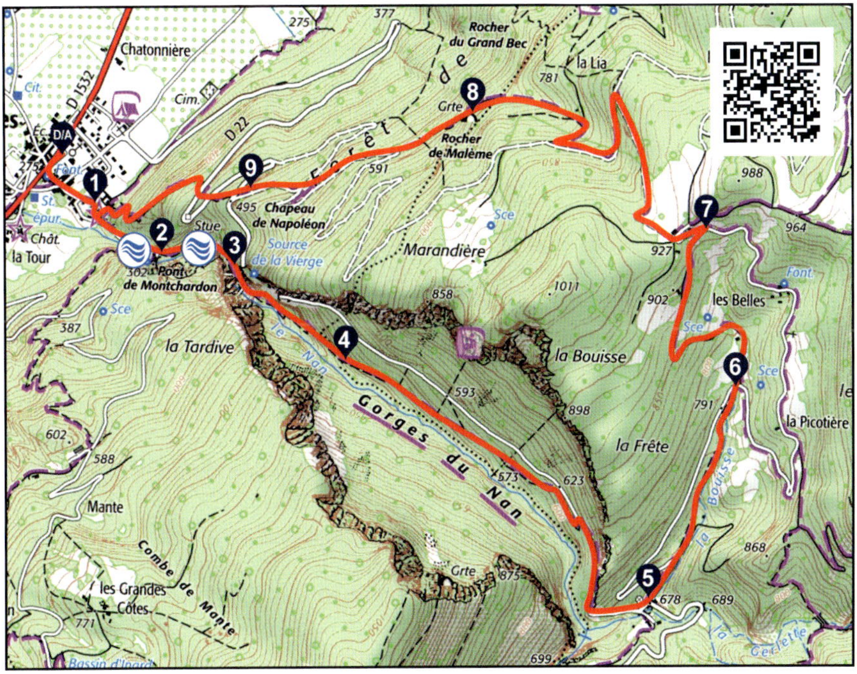

À la recherche de fraîcheur…

Indéniablement, le début de cette balade est l'endroit idéal pour se délasser au bord de l'eau ! Dès que le sentier permet un accès facile à l'eau (notamment au niveau du pont), ne pas hésiter à trouver le coin qui répondra aux attentes de chacun.

Les alternatives s'étendent sur quelques centaines de mètres, avec de belles vasques au pied des cascades.

Les possibilités de profiter de l'eau disparaissent une fois que le sentier s'éloigne du Nan.

Itinéraire

1. Remonter au centre du village par la rue de la Vieille Église et prendre à droite puis rapidement à gauche pour entrer dans le canyon.

2. La première partie du sentier, en rive droite du torrent, offre de nombreuses possibilités d'admirer les cascades et de s'approcher de vasques paisibles.

3. Le chemin se raidit peu à peu, avec un passage facile équipé d'un câble.
La première partie, aquatique, s'arrête lorsque l'on s'éloigne de la rivière ; on pourra alors revenir par le même chemin. La boucle proposée permet de belles vues sur la vallée.

4. Le sentier continue en forêt par une montée régulière jusqu'à rejoindre la route D22, qui permet de relier Malleval-en-Vercors (cf. « La cascade de la Gerlette » page 56).

5. Remonter celle-ci (attention aux chutes de pierres) jusqu'au hameau du Moulin.

6. Prendre alors la route qui monte en face, en laissant à droite la route de Malleval. Quitter le bitume 200 m plus loin, dans un virage, pour prendre en face le sentier qui traverse un sous-bois et des prés. On retrouve la route plus haut, qui mène sur la gauche à quelques maisons (point haut noté « 927 m » sur la carte IGN).

7. On amorce alors la descente sur l'autre versant en empruntant le chemin le plus à droite des trois chemins visibles (circulation des véhicules motorisés interdite), par une piste forestière et quelques sentiers permettant de couper les lacets.

8. La dernière partie est plus abrupte et passe devant une petite grotte près du rocher de Malème, puis devant le chapeau de Napoléon.

9. Traverser à trois reprises la route avant d'entamer une descente impressionnante vers Cognin-les-Gorges par un sentier aérien. Revenir au parking.

Les séchoirs à noix

Le **séchoir à noix** est une bâtisse typique de la région dont la particularité tient dans sa grande ouverture sur l'extérieur. Comparable à une grange, le séchoir est construit en hauteur et composé de planchers et de parois ajourés. Cela permet la circulation du vent afin de sécher les noix tout en les protégeant contre les intempéries, le soleil et les oiseaux.

La pierre à Dîme

À l'entrée du canyon se trouve une sculpture étonnante: la **pierre à dîme**, ou pierre de la dîme. Au Moyen Âge, la **dîme** était un impôt en nature prélevé par l'Église, correspondant au dixième de la récolte. La pierre composée de deux cavités taillées, servait a priori de **mesure à grains**, la plus grande cavité correspondant à la part du Seigneur, la plus petite étant réservée aux serfs. Certains estiment pour leur part qu'il s'agit d'une pierre à meunier, mesurant d'un côté le blé, de l'autre la farine...

Dans les gorges du Nan

09 La cascade de la Gerlette

– Vercors –

Accès

Au sortir des gorges, se garer à une intersection, en face de la maison.

Difficulté

Facile.
Quelques passages plus raides et glissants pour l'accès à la cascade.

FICHE TECHNIQUE

Malleval-en-Vercors	6,2 km
2 h 30	3235OT
400 m	934 m

Cascade de la Gerlette

Introduction

Méconnue, la cascade de la Gerlette offre un havre de paix qui ravira petits et grands.

L'accès lui-même est une aventure : il s'agit en effet de se rapprocher du petit village de Malleval-en-Vercors par les gorges du Nan (voir page 52) et une route vertigineuse où il faut prendre le temps de circuler… et de croiser d'autres véhicules si nécessaire. Partant de là, on peut comprendre pourquoi le lieu est resté confidentiel !

Pourtant, la balade proposée permet une progression en grande majorité en forêt à moyenne altitude, avec quelques beaux points de vue sur les gorges. La cascade de la Gerlette n'est certes pas en eau toute l'année, mais la falaise, même sèche, est évocatrice.

Si le parcours proposé ne pose pas de difficulté majeure, la dernière partie juste avant la cascade est plus raide et parfois glissante.

Quoique peu facile d'accès, le village de Malleval-en-Vercors fut un haut lieu de la résistance durant la Seconde Guerre mondiale. Il fut envahi dans la nuit du 28 au 29 janvier 1944 par les Allemands pour y prendre au piège les maquisards.

Le monument « le Gisant », sculpté par Michel Chauvet, rend hommage aux 45 fusillés et 10 déportés, victimes de la trahison d'un agent français, qui eut pour conséquence l'anéantissement des maquis du secteur de Malleval.

À la recherche de fraîcheur…

Il faudra atteindre la Gerlette pour profiter pleinement de l'ambiance humide du lieu !

À partir de là, de nombreux endroits invitent à côtoyer la rivière, le plus souvent facilement accessibles. Seule inconnue : le débit, qui peut être relativement faible lors des périodes sèches !

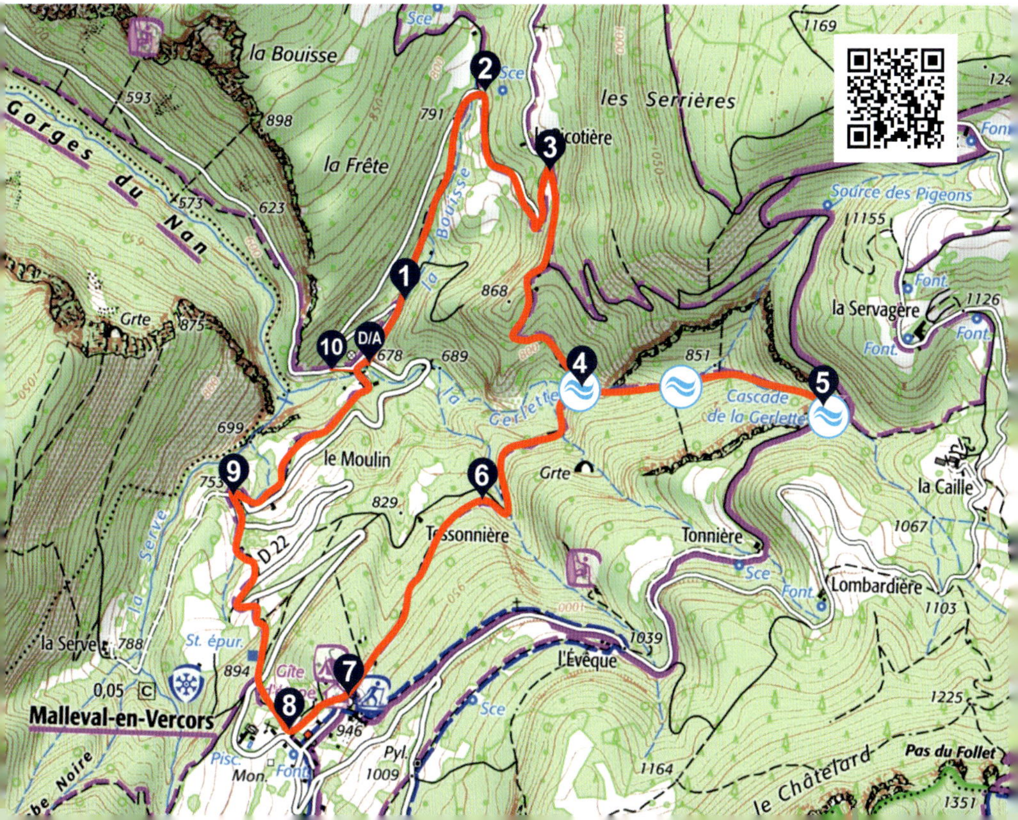

Vue sur les gorges du Nan

Itinéraire

1. Remonter la petite route qui part au nord-est (panneau sens unique – « équipements obligatoires »). Après 200 m, la quitter lorsqu'elle tourne en épingle à cheveux pour continuer tout droit par le sentier. *On peut observer des buis qui ressuscitent littéralement après le passage de la pyrale du buis il y a quelques années.*

2. Le sentier permet de retrouver la route plus haut. L'emprunter de nouveau en partant sur la droite (direction « Malleval »).

3. Après 500 m, tourner à gauche sur l'épingle à cheveux puis prendre un sentier partant à droite 200 m plus loin (panneau « Le Grand Champ », direction « Malleval »). Le sentier mène à l'intersection « Picotière ». Prendre à droite en direction de la cascade de la Gerlette, longer une maison et redescendre jusqu'à la rivière.

4. Arriver à un pont, prendre à gauche sur le sentier (aller-retour) qui mène à la cascade (5) : le cheminement est raide, avec quelques passages glissants. Il serpente sur les deux rives du cours d'eau. Revenir à ce point (4) pour poursuivre sur le chemin. Quelques dizaines de mètres plus loin, on devine une grotte à main gauche dans un tournant.

6. Après un net virage sur la droite, au panneau « Tessonnière », prendre le chemin montant sur la gauche et remonter progressivement jusqu'au hameau de Malleval.

7. Arrivé à l'église, tourner à droite sur le chemin de la croix de Gené.

8. Juste avant de rejoindre la route D22, tourner à droite, toujours sur le chemin de la Croix de Gené, qui descend en longeant les propriétés.

Avant d'entamer la descente, on pourra se rendre au gisant que l'on devine depuis la route.

La descente s'effectue sur un chemin qui descend nettement dans les prairies (garder la plus forte pente) et coupe la route plusieurs fois. Suivre les indications « Le Moulin ».

9. Le chemin rejoint la route que l'on emprunte sur 250 m, en passant par une épingle à cheveux et en côtoyant quelques maisons. Après celles-ci, reprendre le chemin du Moulin qui part à gauche.

10. On rejoint une dernière fois la D22 au niveau d'un pont. Tourner deux fois à droite pour retrouver le parking.

Les dégâts de la pyrale encore visibles

La **pyrale du buis** (*Cydalima perspectalis*) est une espèce de papillons, originaire d'Extrême-Orient. Introduite accidentellement en Europe dans les années 2000 via des végétaux importés d'Asie, elle y est rapidement devenue envahissante.

La **chenille** possède une tête noire luisante et un corps vert clair, strié longitudinalement de vert foncé. On compte 10 fausses pattes abdominales.

Le **papillon** nocturne a une envergure moyenne de 4 cm. Les ailes sont d'un blanc nacré, bordées d'une bande brun terne. Le cycle de la pyrale du buis est particulièrement dynamique, les femelles pouvant pondre jusqu'à 1200 œufs, et trois générations peuvent s'enchaîner sur l'année.

Les chenilles se nourrissent exclusivement de buis (*buxus*), dont elles consomment les feuilles et l'écorce; l'invasion de l'espèce provoque de lourds dégâts dans les populations européennes de buis, ornementales comme sauvages.

Dans notre région, la pyrale du buis a été détectée en 2011 dans les parcs et jardins. Ce n'est qu'à partir de 2015 que les premiers dommages concernant le milieu naturel ont été enregistrés en Isère.

En 2016, les forêts ont subi une véritable invasion: les défoliations totales et continues des buxaies (lieux peuplés de buis) ont concerné plusieurs milliers d'hectares jusqu'à 600 mètres d'altitude environ.

10 De cascade en cascade sur la Vernaison - 1

– Vercors –

Accès

Parking sur l'avenue du Vercors, le long des terrains de sport.

Difficulté

Facile à moyenne (passage d'une « porte » pour la deuxième partie). Prévoir des chaussures aquatiques entre les deux cascades.

FICHE TECHNIQUE

Saint-Eulalie-en-Royans	2,4 km
1 h	3136ET
100 m	330 m

Introduction

Le Royans constitue une petite région naturelle à la frontière entre la Drôme et l'Isère.

Ici, la Bourne est la reine des lieux. À Pont-en-Royans, magnifique village à la sortie des gorges, on pourra admirer les maisons suspendues au-dessus de la Bourne et classées monuments historiques depuis 1944. Ces constructions permettaient de gagner de la place dans ce site étroit, entouré de falaises.

D'ailleurs, la commune ne s'y est pas trompée en construisant là un musée de l'eau, lieu consacré à l'eau sous toutes ses formes et se voulant ludique, scientifique, culturel et pédagogique.

C'est non loin de ce village que l'on profite de deux jolies cascades sur la Vernaison, affluent de la Bourne. La plus accessible et la plus fréquentée est sans nul doute la cascade Blanche.

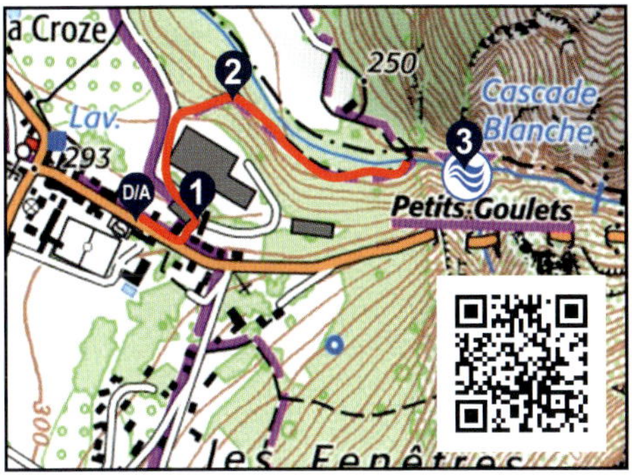

À la recherche de fraîcheur...

Sans conteste, la cascade Blanche est un lieu idéal pour se détendre... Hélas, les jours de grande chaleur, le site est pris d'assaut !

Itinéraire

1. Remonter sur quelques mètres l'avenue du Vercors jusqu'à une pancarte verte indiquant la « cascade Blanche ». Tourner alors à gauche sur le chemin de l'Arps, en direction de la cascade Blanche.

50 m plus bas, prendre à gauche en suivant toujours l'indication de la cascade Blanche. Juste après le bâtiment de la SOREA, tourner à droite au niveau des pierres bloquant la route sur la piste descendant fortement.

2. Encore 50 m plus bas, prendre le sentier partant à droite et qui descend jusqu'à la Vernaison pour rejoindre finalement la cascade au bout de 400 m.

Deuxième partie : on peut alors atteindre la cascade Verte depuis la cascade Blanche, distantes approximativement de 400 m, en empruntant un passage qui peut être risqué pour les moins expérimentés ; la prudence est de mise.

3. Pour ce faire, traverser la rivière et prendre le chemin montant en rive droite pour atteindre le canal d'eau. L'emprunter jusqu'à la cascade. « Enjamber » alors l'ancienne porte en fer bloquant l'eau (prudence !) , puis remonter la rivière les pieds dans l'eau jusqu'à la cascade Verte. Le retour se fait par le même chemin.

La renouée du Japon, une invasive bien présente

Originaire d'Asie, la renouée du Japon (*Reynoutria japonica*) a été introduite à des fins ornementales au XIXe siècle. Cette vivace à croissance rapide atteint 2 à 3 m de hauteur pendant l'été. Ses tiges creuses et noueuses sont semblables à celles du bambou...

La renouée du Japon colonise les bords des plans d'eau, les milieux humides, les fossés, les canaux d'irrigation, les abords des routes et les milieux perturbés.

Cette plante figure parmi les espèces envahissantes.

Elle forme des peuplements denses qui étouffent les espèces locales et appauvrissent ainsi la diversité biologique des écosystèmes.

La renouée du Japon peut également favoriser l'érosion des berges et modifier la composition chimique du sol ainsi que la diversité des micro-organismes qui s'y trouvent.

Elle limite l'accès aux cours d'eau et augmente les risques d'inondation.

Ses racines et ses tiges peuvent également s'infiltrer dans les fissures des infrastructures.

Cette plante se reproduit facilement: un minuscule fragment de tige ou de rhizome de la renouée du Japon peut donner naissance à un nouveau plant. Ces fragments peuvent être disséminés lors des crues, mais ce sont principalement les activités humaines qui contribuent à leur dispersion (aménagement paysager, travaux d'excavation avec déplacement de sol).

L'éradication de la renouée du Japon est hélas extrêmement difficile.

Cascade Blanche

11 De cascade en cascade sur la Vernaison - 2

– Vercors –

Accès

Parking de la cascade Verte (nombre de places limité).

Difficulté

Facile.
Prévoir des chaussures aquatiques entre les deux cascades.

FICHE TECHNIQUE

Échevis	2 km
1 h	3136ET
50 m	275 m

Introduction

Si la cascade Blanche fait l'objet de convoitise (et donc d'une fréquentation très importante) dès les premières chaleurs, la cascade Verte, magnifique tufière géante, certes moins propice à la baignade mais plus confidentielle, permet de prendre un peu de repos. Cela pourra être l'occasion de parcourir un bout de la route impressionnante des gorges ! Cette route, qui a nécessité plus de onze ans de travaux au XIXe siècle, est d'ailleurs un itinéraire grandiose, fréquenté toute l'année… quand elle n'est pas en travaux.

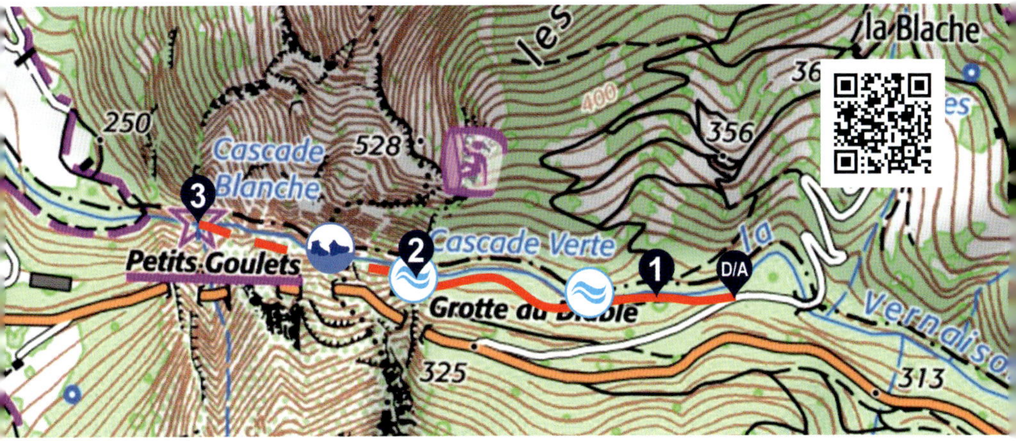

À la recherche de fraîcheur…

En optant pour la cascade Verte, on trouvera de beaux endroits pour profiter plus calmement des lieux, à plus forte raison en prolongeant la balade à l'aval de la cascade…

Itinéraire

En voiture, emprunter la route des Petits Goulets depuis Sainte-Eulalie-en-Royans et franchir les quatre tunnels. À la sortie du dernier tunnel, emprunter la route Pont-de-la-Planche qui descend à gauche et atteindre le pont de la Vernaison, où l'on se gare (attention : route étroite et nombre de places limité).

1. À pied, prendre le sentier à gauche avant le pont, en rive gauche, et marcher environ 500 m jusqu'à la cascade Verte en descendant le long du cours d'eau.

On peut alors atteindre la cascade Blanche depuis la cascade Verte, distantes approximativement de 400 m, en empruntant un passage qui peut être risqué pour les moins expérimentés ; la prudence est de mise.

2. Pour ce faire, descendre la rivière (passages les pieds dans l'eau pratiquement obligatoires) et arriver à l'amont de la cascade Blanche.

3. Pour aller en bas de la cascade Blanche, il est nécessaire de franchir l'ancienne porte en fer bloquant l'eau (prudence !), puis de descendre le court sentier menant au pied de la cascade.

Tufière

Une tufière (ou tuffière) est un site formé par une roche appelée **tuf calcaire** et qui peut être exploitée comme pierre de construction. En effet, c'est une source qui occasionne ces concrétions calcaires, lui donnant un aspect insolite.

Grassette

On parle de « tuf calcaire » ou de « travertin », ce dernier terme désignant parfois spécifiquement une roche produite en eau chaude. Ce mot vient de l'italien *tivertino*, issu du latin *tiburtinus* qui signifie « Tivoli » car cette roche est depuis longtemps extraite de carrières proches de cette ville, située à une trentaine de kilomètres de Rome.

Près des tufières, pauvres en azote, on peut trouver **la grassette**, l'une des rares plantes carnivores de nos régions.

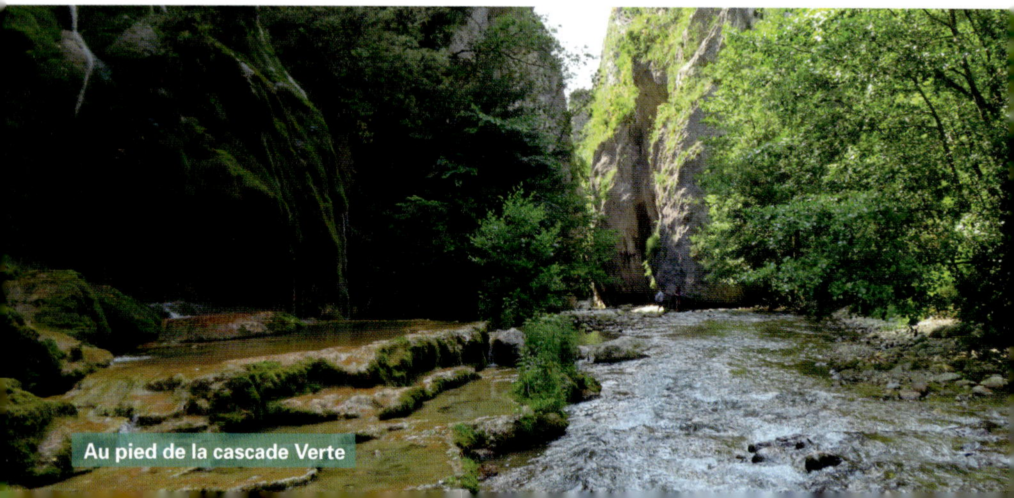
Au pied de la cascade Verte

12 Aux portes du Bournillon

– Vercors –

Accès

Parking près de l'église.

Difficulté

Moyenne – quelques passages près de la falaise, ou raides (prudence avec des enfants).

FICHE TECHNIQUE

Saint-Julien-en-Vercors	4,5 km
2 h 30	3236OT
220 m	928 m

Le barrage de Choranche au pied du cirque du Bournillon

Introduction

Cet itinéraire a tout d'un dépaysement total. Parvenir à Saint-Julien-en-Vercors est déjà un voyage en soi, en particulier si l'on passe par les gorges de la Bourne. Le contraste avec le plateau entre Lans-en-Vercors et Villard-de-Lans est saisissant ; nous sommes déjà dans le Vercors sud, là où les influences méditerranéennes se font parfois ressentir. Les noms sont eux aussi évocateurs, tels une invitation au voyage : Moulin Marquis, grotte des Gaulois, Porte du Diable, Bournillon…

Bien que cette randonnée reste relativement loin de l'eau, elle est à la hauteur des espérances : peu difficile (prudence toutefois sur la partie se déroulant près des falaises et au passage de l'arche), offrant des vues splendides sur les gorges, proposant la découverte d'arche… tout en cheminant principalement en forêt. Découvrez une escapade magique encore méconnue !

Bourne et Bournillon

La Bourne et le Bournillon ont une étymologie similaire. Ces noms viennent du gaulois *borna* qui signifie « trou, cavité naturelle » et de l'occitan *bòrna*, qui signifie « cavité dans le rocher ». On en déduit aisément que l'on peut parler aussi de « trou de source » et, par extension « torrent qui en sort ». Ce que l'on comprend bien quand on voit la source du Bournillon !

Itinéraire

Depuis la place de l'Église, prendre le chemin du Ponson vers l'ouest (sens interdit « sauf riverains »).

1. Après 200 m, au panneau « Ponson », tourner à gauche en direction de « Moulin Marquis ». Continuer la route qui devient un chemin en direction du Moulin Marquis.

2. Près de 400 m après les dernières maisons, poursuivre tout droit en laissant à gauche le départ de sentier (continuer à suivre « Moulin Marquis »).

3. Atteindre la falaise et entamer la descente qui est assez raide.

Juste avant la descente, un petit chemin sur la gauche permet d'atteindre un belvédère offrant une belle vue sur la vallée. Attention l'accès est aérien !

Au bas de la descente, on peut accéder sur la gauche aux sources de Moulin Marquis (source du Bournillon, affluent de la Bourne) en 10 minutes, en prenant sur la gauche (aller-retour).

4. Continuer par le chemin partant à droite en direction de la « Porte du Diable » (balisage jaune et vert). Le chemin longe la falaise (rester sur le chemin du haut) et passe au niveau de la grotte des Gaulois, visible quelques mètres plus haut dans la paroi.

Le chemin remonte peu à peu dans la forêt non loin du bord de la falaise, offrant des vues imprenables sur le cirque du Bournillon et le barrage de Choranche.

Plus loin, on se rapproche de nouveau de la falaise que l'on longe.

5. Remonter enfin par le sentier raide et parfois peu commode – il faut utiliser les mains par moments – pour franchir la porte du Diable, arche majestueuse permettant de regagner le plateau.

Un belvédère indiqué à droite permet un dernier point de vue (aller-retour).

6. Sur le plateau, prendre légèrement à droite et poursuivre le chemin balisé (indication « Saint-Julien-en-Vercors » au panneau « Porte du Diable »). Rester sur l'itinéraire principal en laissant les sentiers partant à gauche.

7. Au bout d'1 km, juste avant de sortir de la forêt, tourner à droite. 300 m plus loin, tourner à gauche et rejoindre le chemin de Bois Barnier.

Retrouver la route au niveau des maisons et continuer tout droit pour rejoindre le point de départ.

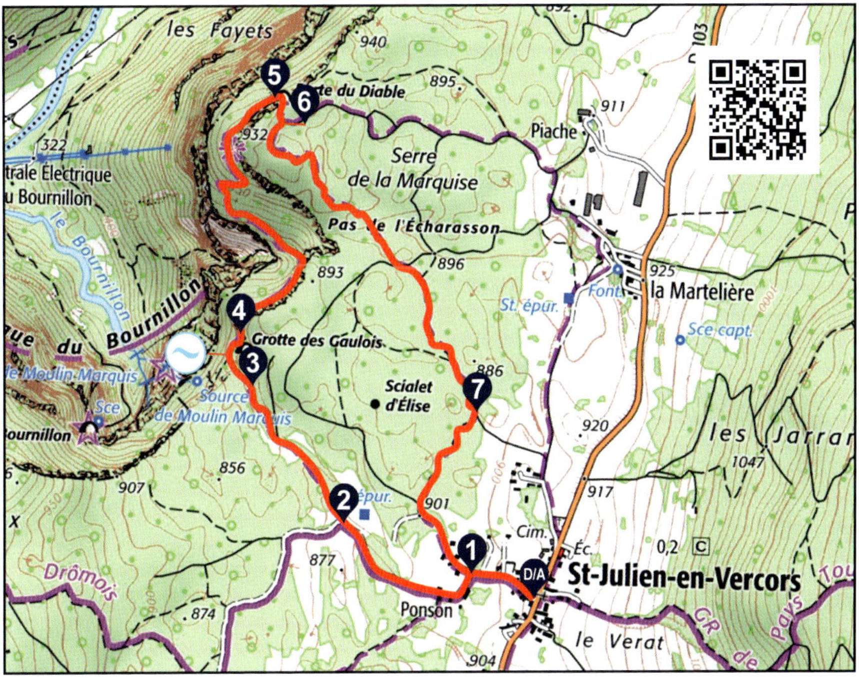

À la recherche de fraîcheur…

Certes, cet itinéraire reste relativement loin de l'eau…

Mais la source de Moulin Marquis est un havre de paix, au bord du Bournillon, près des cabanes en bois, sur une zone étonnamment plate à cet endroit. Attention toutefois à ne pas trop se rapprocher du bord, en contrebas !

Le passage le long des falaises et la Porte du Diable offrent, quant à eux, de belles zones à l'abri de la chaleur !

13 Dans les remous du Cholet

– Vercors –

Accès

Au pont du Tram, se garer en bas de la route en rive droite du Cholet, à côté de l'usine hydroélectrique.

Difficulté

Facile.
Prudence lors du franchissement du Cholet par le barrage.

FICHE TECHNIQUE

Saint-Laurent-en-Royans	3,7 km
2 h	3136ET
150 m	381 m

Le Cholet

Introduction

La route faisant le tour de la Combe Laval et passant par le tunnel des Moines est probablement parmi l'une des plus belles du Vercors.

En fond de combe, le Cholet garde jalousement quelques beautés secrètes, à commencer à l'amont par ses sources, ressortant de la falaise, en résurgence. À mi-hauteur, le monastère Saint-Antoine-le-Grand semble appartenir à d'autres temps (voir « Vers la source du Cholet » page 76). Enfin, plus à l'aval, le Cholet lui-même est la vedette des lieux.

La randonnée proposée permet de cheminer en forêt sur la plupart de l'itinéraire ; pas de difficulté à prévoir sinon un passage « acrobatique » mais tout à fait faisable pour traverser la rivière.

Outre la visite des alentours par la route, cette balade peut tout à fait être combinée avec les cascades de Pont-en-Royans (voir pages 60 et 64) ou encore le parcours de la Lyonne (voir page 80).

Itinéraire

1. Prendre le chemin le long du cours d'eau et franchir bientôt le pont des Chartreux.

2. Le chemin monte régulièrement par un chemin pavé, puis franchit une belle cascade de tuf.

3. Rejoindre le lieu « Sous Frochet » puis prendre à gauche à l'intersection sur un chemin qui redescend progressivement jusqu'à rejoindre le bord du Cholet. Aller jusqu'au pont pour profiter des bords du cours d'eau.

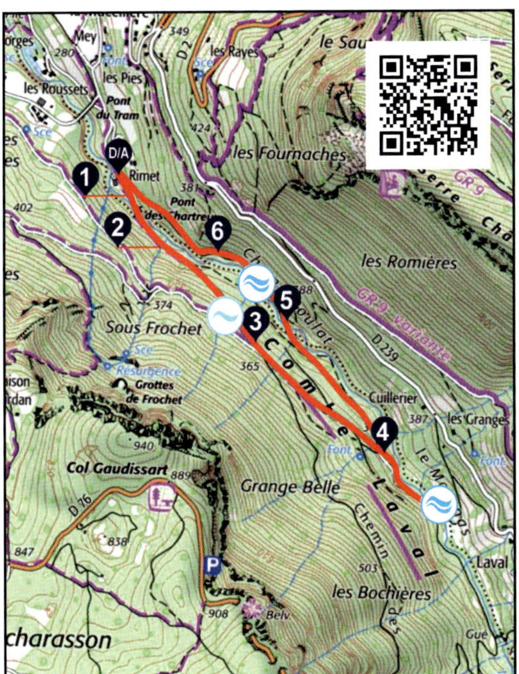

À la recherche de fraîcheur…

La cascade que l'on croise dans la montée permet une pause rafraîchissante, mais il faudra attendre le point le plus éloigné du circuit pour pouvoir profiter pleinement de l'eau.

Sur le chemin du retour, le Cholet n'est jamais très loin ; l'occasion de se retrouver au calme, le sentier n'étant guère connu !

À noter que, depuis Sous Frochet, il est possible de tourner à droite en direction des Massières pour monter en direction de la grotte de Frochet, déjà connue à l'âge du bronze.

4. En rebroussant chemin, prendre le sentier plutôt discret partant à droite quelques mètres plus loin. Ce chemin longe le cours d'eau rive gauche et arrive finalement à un petit barrage.

5. Franchir le Cholet en empruntant la margelle relativement large qui mène à des passerelles en métal que l'on franchira en passant le garde-fou.

6. Poursuivre en rive droite jusqu'à redescendre au niveau du point de départ.

Odonates en vue !

Des insectes planent majestueusement au-dessus des eaux du Cholet... Libellule ou demoiselle ? Comment faire la différence ?

Demoiselle

Toutes deux sont des insectes de l'ordre des odonates (*Odonata*):
- les **demoiselles** (ou zygoptères) replient leurs ailes au-dessus d'elles quand elles se posent;
- les **libellules** (ou anisoptères) ont les ailes dépliées sur les côtés au repos.

Libellule

Les odonates sont aquatiques à l'état larvaire et terrestres à l'état adulte. Ce sont des prédateurs, que l'on peut rencontrer occasionnellement dans tout type de milieu naturel, mais qui se retrouvent plus fréquemment aux abords des zones d'eau douce à saumâtre, stagnante à courante, dont ils ont besoin pour se reproduire et pondre leurs œufs.

Les **larves** sont des animaux aquatiques. Elles vivent généralement entre 1 et 3 ans, avant d'en sortir pour se transformer en adultes. Contrairement à la larve, l'adulte vit 6 mois environ.

Tous les odonates sont carnivores, au stade larvaire comme à l'âge adulte. Les larves s'attaquent à des animaux beaucoup plus grands qu'elles, comme des insectes aquatiques mais aussi des têtards d'amphibiens comme les grenouilles. Les odonates constituent l'un des groupes d'animaux les plus anciens sur Terre: ils existent depuis des millions d'années !

Sur les berges du Cholet

14 Vers la source du Cholet

– Vercors –

Accès

Parking du monastère de Saint-Antoine-le-Grand (attention, 5 km de route étroite et nombre de places limité).

Difficulté

Moyenne – quelques passages raides et mal indiqués.

FICHE TECHNIQUE

Saint-Laurent-en-Royans	2,5 km
2 h	3136ET
380 m	824 m

Le Cholet

Introduction

La combe Laval n’a pas fini de vous surprendre. Sur sa partie amont, un monastère byzantin se niche en fond de vallée. Il est d’ailleurs possible de visiter l’église.

Cette balade n'a pas été particulièrement choisie pour ses points de vue (le cheminement se déroule en fond de vallée, notamment en forêt) mais plutôt pour la découverte de vasques toutes plus belles les unes que les autres !

Néanmoins, la découverte de ces trésors aquatiques se mérite : tout d’abord, la route est étroite sur 5 km et permet d’accéder à un parking au nombre de places limité. Ensuite, la randonnée nécessite de suivre attentivement le chemin et demande parfois un peu de dextérité.

Pour ces raisons, on ne peut que recommander d’éviter la haute saison et de réserver cet itinéraire aux personnes expérimentées.

Enfin, mais cela est bien entendu valable pour tous les itinéraires proposés, il est indispensable de respecter les lieux, de ne pas les dégrader et de ne laisser aucun déchet sur place.

Itinéraire

Prendre la route forestière qui part à gauche du monastère. Après 100 m, un sentier peu marqué part sur la droite, à flanc de versant. Poursuivre sur ce sentier afin de rejoindre le Cholet.

1. L'itinéraire se poursuit exclusivement en rive droite du cours d'eau, en suivant au mieux le sentier, toujours présent quoique parfois peu visible.

2. Une montée raide et peu commode permet de retrouver un chemin plus évident qui continue de monter de manière moins soutenue.

3. On arrive bientôt à une conduite forcée, que l'on peut longer pour prolonger la découverte. S'arrêter un peu après avant de s'engager dans des passages beaucoup plus délicats et dangereux.

4. La descente s'effectue par le sentier évident, tout d'abord comme à l'aller (en longeant la conduite forcée) puis en poursuivant tout droit, sans chercher à rattraper le sentier du bord de rivière.

Le sentier devient bientôt une piste qui descend franchement et rejoint le monastère.

À la recherche de fraîcheur...

Voici une balade qui est indubitablement tournée vers l'eau.

On évolue lors de la montée de vasque en vasque, toutes pour le moins merveilleuses ; les raisons de s'arrêter sont donc innombrables.

Un air de Grèce au cœur du Vercors

Implanté au bord du Cholet, **le monastère de Saint-Antoine-le-Grand** est une dépendance (« métochion ») du monastère de Simonos Petra, près du mont Athos, en Grèce.

Il a été fondé en 1978 par le Père Placide Deseille et son compagnon d'ascèse le Père Séraphin.

L'église, de style byzantin, fut construite à partir de 1988. Alors que les églises occidentales ont habituellement un clocher en forme de flèche, qui évoque l'effort de l'homme pour s'élever vers le ciel, la partie centrale d'une église byzantine est couverte d'une coupole, qui symbolise la descente du ciel sur la terre, de Dieu vers les hommes.

15 À deux pas de la Lyonne

– Vercors –

Accès

Parking à l'usine hydroélectrique de Bouvante, chemin de la Plaine.

Difficulté

Facile à moyenne.
Passage aquatique pour la boucle (prévoir des chaussures pouvant aller dans l'eau).

FICHE TECHNIQUE

Oriol-en-Royans	3 km
2 h	3136ET
200 m	413 m

La Lyonne

Introduction

Il est des contrées inexplorées ou presque… Les villages d'Oriol-en-Royans et de Saint-Martin-le-Colonel font partie de ces sites qui ont su rester à l'écart de la foule, protégeant ainsi des trésors naturels. La Lyonne et ses affluents en font partie.

En effet, les cours d'eau des lieux ont tout pour plaire : des accès aisés, de l'ombre, des lieux pour se tremper, et même un magnifique site d'escalade.

L'itinéraire proposé ici permet de profiter de chaque cours d'eau en aller-retour, voire en boucle si l'on accepte de se mouiller les pieds sur quelques dizaines de mètres !

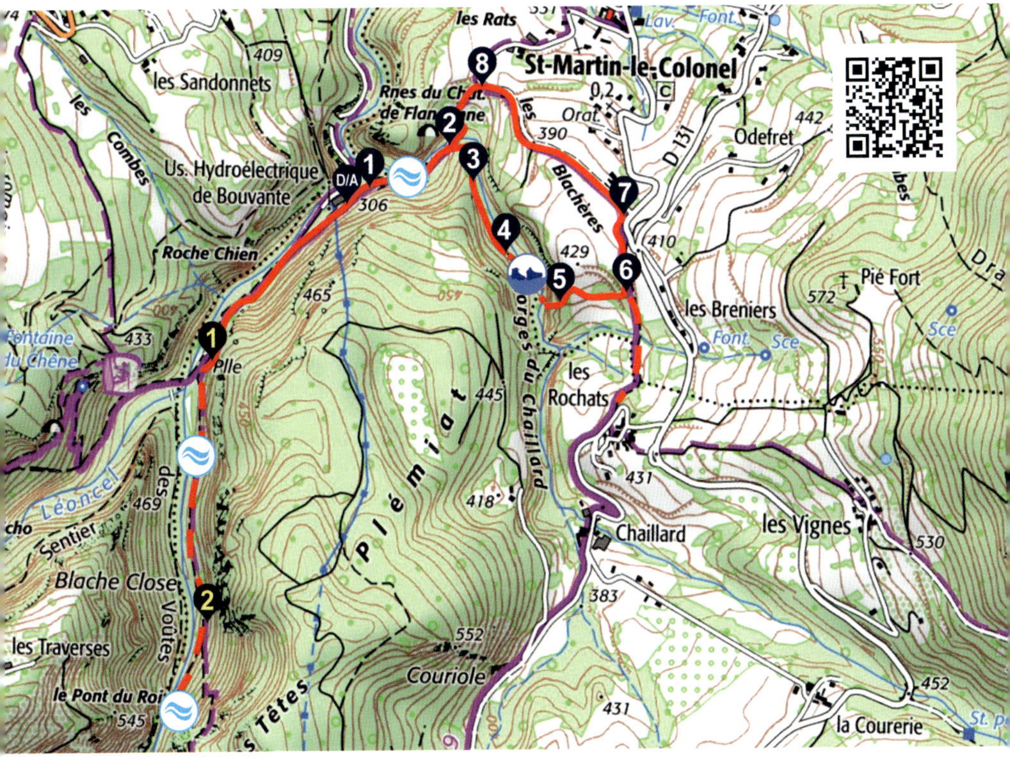

On peut noter la présence de quelques arches valant le détour (arche du Chaillard et de l'Apothéose). Elles sont accessibles pour les plus aguerris, par des sentiers peu marqués partant sur chaque rive, non loin de la passerelle.

L'itinéraire peut s'envisager en deux parties distinctes.

Itinéraire 1 (facile) – Le long de la Lyonne

1. Remonter la Lyonne sur le chemin partant à droite depuis le parking, en passant sous la conduite forcée. Ne pas hésiter à se rapprocher de la rivière autant que possible. On rejoint bientôt une passerelle.

2. On peut continuer le même chemin, en rive droite, jusqu'à une intersection 750 m plus loin. Laisser à gauche le sentier principal qui monte et prendre le sentier à droite, un peu plus aérien, qui permet d'atteindre le Pont du Roi, rocher enjambant la Lyonne dans un chaos agréable.

Itinéraire 2 (difficulté moyenne) – Les gorges du Chaillard

1. Du parking, partir cette fois à gauche pour atteindre rapidement la confluence de la Lyonne et de son affluent, le ruisseau du Val Sainte-Marie.

2. Un peu plus loin, on rejoint une passerelle que l'on délaisse (la boucle entière proposée permet de revenir par celle-ci).

3. Poursuivre le long du ruisseau en restant en rive gauche pour contourner la falaise sans se mouiller les pieds. De l'autre « côté », on débouche sur un très beau site d'escalade, où la fraîcheur est présente même en été.

4. Traverser le site d'escalade et continuer à remonter la rivière par une sente en rive gauche qui bientôt vient rencontrer l'eau. On peut choisir de s'arrêter là et de faire demi-tour, ou de poursuivre pour compléter la boucle.

Ne pas traverser en rive gauche immédiatement car l'on risque de s'empêtrer dans les ronces. La solution consiste à remonter la rivière par son lit, en mettant les pieds dans l'eau, jusqu'à un petit seuil quelques centaines de mètres plus loin.

5. On aperçoit alors un sentier escarpé qui monte sur la gauche. L'emprunter en restant bien prudent (sentier pentu et parfois étroit). On débouche à son faîte sur un champ qu'il faut traverser pour retrouver une piste forestière.

En tournant à droite sur la piste forestière et en poursuivant sur quelques centaines de mètres, on pourra profiter de belles vues sur les gorges du Chaillard.

6. Tourner à gauche sur la piste. On retrouve bientôt une route ; garder sa gauche et prendre la piste à gauche juste après le virage.

7. Garder la piste (balisée) qui part à gauche pour rejoindre de nouveau une route un peu plus bas.

8. Tourner à gauche sur le chemin qui descend jusqu'à la passerelle aperçue à l'aller.

Une fois la passerelle franchie, prendre le sentier à droite pour retrouver le parking.

La Lyonne

À la recherche de fraîcheur...

Vous avez l'embarras du choix sur cet itinéraire, ou plus exactement sur ces itinéraires !

Que ce soit sur la Lyonne ou son affluent des gorges du Chaillard, les possibilités de profiter de l'eau et de la fraîcheur sont innombrables !

Il est donc plus rapide de citer le seul passage sur lequel on peut ressentir la chaleur : la deuxième partie de la boucle. Mais l'on compensera ce petit désagrément par des très belles vues sur la région !

Donjon et fragon

Au sommet des falaises surplombant cette balade se trouvent les ruines du **château de Flandenne**.

Tout au long de l'itinéraire, on pourra par ailleurs découvrir **le fragon,** plante trompeuse... En effet, même si la plante « pique » aussi, il ne faut pas la confondre avec le houx (on la nomme parfois « fragon faux-houx »). De plus, ses fruits semblent pousser sur les feuilles, tels des galles. Que nenni ! Les feuilles semblant porter les fruits (et les fleurs auparavant) sont des cladodes, des rameaux spécialisés imitant parfaitement la forme d'une feuille et assurant les mêmes fonctions.

Au-dessus des gorges du Chaillard

16 Dans le canyon des Gueulards

– Vercors –

Accès

Dans les gorges d'Omblèze, se garer au parking en bas du canyon des Gueulards.

Difficulté

Moyenne.
Court passage avec quelques échelons dans le canyon.

FICHE TECHNIQUE

Omblèze	8 km
3 h	3136ET
450 m	817 m

Introduction

Si l'on ne trouve pas d'eau (ou si peu) sur cet itinéraire, il serait dommage de le passer sous silence tant l'ambiance de ce canyon est rafraîchissante au plus fort de l'été. D'ailleurs, le cheminement ludique entre lichen, buis, cairns et falaises ravira les plus âgés comme les plus jeunes !

Cette échappée se situe dans un site hautement réputé pour sa beauté : les gorges d'Omblèze. D'aucuns viennent là pour la route qui à elle seule vaut le détour, d'autres choisissent de s'entraîner sur les voies d'escalade, à l'ombre, que l'on peut voir depuis l'itinéraire, d'autres encore jouent la carte des cascades : la Pissoire, la Druise…

On peut d'ailleurs combiner cette balade dans la même journée avec un passage aquatique à la chute de la Druise (voir page 90), non loin de là. Il serait même dommage de ne pas en profiter.

On l'aura compris, cet écrin du Vercors est recherché en toute saison, à juste titre. Seul inconvénient pour certains (qui est de fait un avantage pour d'autres), son éloignement des centres citadins. Mais faut-il s'en plaindre ?

À la recherche de fraîcheur…

Ici, on ne trouvera pas d'eau ou si peu… mais un canyon ludique que l'on ne souhaite pas quitter tant la fraîcheur est vivifiante !

Itinéraire

En face du parking situé le long de la route, prendre le sentier qui monte régulièrement jusqu'à une intersection, au « Grand Cros ».

1. Prendre la direction de la ferme du Pescher, à droite puis à gauche (pont) pour déboucher sur le plateau. Peu après la ferme du Pescher, prendre à gauche en direction du canyon des Gueulards.

2. Le chemin descend raide sur quelques dizaines de mètres (le terrain peut être glissant) jusqu'à l'entrée du canyon. Le cheminement dans le canyon est évident ; au moindre doute, il suffit de suivre les cairns ! On remonte ainsi le canyon des Gueulards, en utilisant à de rares moments les mains pour franchir quelques gros blocs ou un semblant de cours d'eau… s'il n'est pas à sec.

3. À la sortie du canyon, un panneau indique sur la droite les gorges d'Omblèze et les Sept Lacets. Suivre alors ce sentier balisé pour revenir par les hauteurs, au-dessus de la ferme du Pescher.

À la sortie du canyon, il est aussi possible de tourner à gauche plutôt qu'à droite pour revenir par le Chaffal (en empruntant un tronçon du GR®9 « Grand tour de la Gervanne »). Attention, le circuit (en pointillé) est de fait plus long, avec plus de dénivelé. Avis aux marcheurs !

4. Garder la piste qui descend finalement en lacets avant d'atteindre la route des gorges d'Omblèze.

5. Tourner alors à droite pour rejoindre le parking en passant devant la belle cascade de la Pissoire, intermittente.

Cairn

Un cairn (issu du celtique *karn,* « tas de pierre »), ou montjoie, est un tas artificiel de pierres. Les cairns servent à baliser un sentier ou compléter un balisage déjà existant, repérer un point particulier (sommet, col, cheminement), marquer un site funéraire, historique, de prière…

L'usage veut que l'on ajoute une pierre quand on croise un cairn…

Les cairns sont de plus en plus considérés comme une forme de *land art*, un art contemporain qui se sert des matériaux naturels.

Gorges d'Omblèze

17 Au pied de la Druise

– Vercors –

Accès

Se garer dans le centre de Plan-de-Baix.

Difficulté

Facile (mais longue si boucle entière). Prévoir des chaussures de rechange pour les passages à gué (passages dans l'eau obligatoires).

FICHE TECHNIQUE

Plan-de-Baix	1, 6 km à 11,7 km
1 h à 5 h 30	3136ET
100 m à 700 m	754 m

Introduction

Il ne serait pas envisageable de parler de randonnée fraîcheur sans citer la cascade de la Druise. Bien sûr, on s'éloigne quelque peu du bassin grenoblois, quoique toujours dans le Vercors, un Vercors d'ailleurs méconnu… à tort. Ainsi, ne serait-ce que la cascade elle-même, quel spectacle ! Un saut de près de 72 m de hauteur ; l'une des plus belles de la région !

On peut s'en contenter (100 m de dénivelé en une heure, sur un chemin toutefois assez raide), pour profiter du site, au détour d'un pique-nique. Toutefois, en période estivale, ne vous attendez pas à être seuls…

De fait, il existe des alternatives qui rendent cet objectif encore plus attrayant et moins fréquenté.

La première est un peu longue (ne pas hésiter à faire du stop au parking de la cascade ou au moulin de la Pipe pour écourter le retour), mais parfaite pour les jours de grande chaleur et de saison sèche.

La croix du Vellan, au-dessus de Plan de Baix

En effet, vous allez traverser le lit de la Gervanne une vingtaine de fois ! En partant de Plan-de-Baix, le point d'orgue est bien évidemment la cascade… Prévoyez de vous mouiller les pieds (sandales mixtes eau/rando, ou chaussures faciles à ôter !) Les rochers ne sont pas glissants, mais l'eau est fraîche.

La deuxième alternative est de combiner avec une demi-journée passée au canyon des Gueulards, depuis les superbes gorges d'Omblèze (voir page 86). Si l'eau n'est que peu au rendez-vous, l'ambiance y est surprenante…

Itinéraire (cascade seule)

Se garer au parking de la chute de la Druise (**D/A** clair). Descendre par un chemin pentu en direction de la chute (balisage jaune-vert (**5**)) jusqu'au cours d'eau de la Gervanne pour déboucher au pied de la cascade.

Le retour au parking de la Druise s'effectue par le même itinéraire qu'à l'aller.

La chute de la Druise

Itinéraire (boucle)

1. Descendre par la rue de Perrin-Chabas vers le hameau de Chabas et la chapelle de la Combe, et rester prudent en traversant la D70. À la chapelle, laisser le GR® pour prendre à gauche au niveau de la croix.

2. Le chemin, large mais peu visible, remonte légèrement sur 150 m avant de basculer sur le versant de la Gervanne, par un sentier exposé sud qui descend rapidement.

3. À l'indication « La Batie », poursuivre le chemin balisé jaune et vert (on suivra d'ailleurs ce même balisage jusqu'au bout) qui continue à descendre pour atteindre les Deux-Eaux, confluence magnifique de la Sépie et de la Gervanne.

Juste avant La Batie, on peut aussi emprunter le sentier marqué d'une croix jaune et verte (en pointillé) pour descendre progressivement en direction du nord-est (en pointillé, non marqué sur la carte IGN). Il permet d'arriver plus proche de la cascade, mais en éludant de superbes traversées à gué.

4. Aux Deux-Eaux, prendre tout de suite à gauche et remonter la Gervanne par un sentier qui franchit régulièrement le cours d'eau à gué par de nombreux passages (entre 16 et 20, en fonction de la rive choisie !).

5. On atteint finalement la cascade de la Druise. Peu avant la cascade, un chemin assez raide remonte jusqu'au parking.

6. Si vous optez pour rentrer à pied (attention, le retour est long mais plutôt agréable), suivre la route jusqu'au Moulin de la Pipe.

7. Là, franchir la Gervanne et tourner à gauche sur la route. Remonter la route en restant prudent sur 450 m.

8. Prendre le large chemin qui part à droite en descendant. On retrouve bientôt la rive droite de la Gervanne.

9. Arrivés dans une prairie, la traverser en gardant sa droite pour retrouver le balisage jaune et vert, parfois discret mais toujours présent. Le sentier remonte par quelques lacets sur la droite.

À la recherche de fraîcheur...

Quel que soit l'itinéraire choisi, vous trouverez votre bonheur ! En effet, chaque traversée à gué est unique, avec des petits seuils successifs, des vasques où l'on n'aura pas pied (et l'eau turquoise reste froide).

S'il faut choisir, on aura une légère préférence pour Deux-Eaux (4) et les vasques dans la dernière ligne droite, ainsi que la cascade...

À noter que l'on recroise la Gervanne sur le retour de la boucle ; une dernière occasion de la saluer !

10. En bout de piste (indication « Plan-de-Baix, 45 min »), tourner à droite sur la piste puis tout de suite à gauche sur un petit chemin guère entretenu qui amène à une maison au lieu-dit « Le Moulin ».

11. Prendre tout droit dans le champ, en visant la droite où le sentier continue et monte régulièrement jusqu'à retrouver la route.

12. Traverser la route pour prendre la piste qui part à gauche et monte encore un peu. En arrivant à un champ, rester sur la gauche sur le sentier et poursuivre à niveau.

13. Rejoindre la petite route du Vialaret au niveau d'une épingle à cheveux et prendre la route qui monte.

14. Poursuivre sur cette route qui ne tarde pas à redescendre jusqu'au centre de Plan-de-Baix et au parking.

Un insecte qui garde les pieds au sec !

Le **gerris** (*Gerris lacustris*) est un insecte du même sous-ordre que les punaises. On l'appelle parfois « punaise d'eau » ou de manière incorrecte « araignée d'eau » (les araignées n'étant pas des insectes et ayant huit pattes).

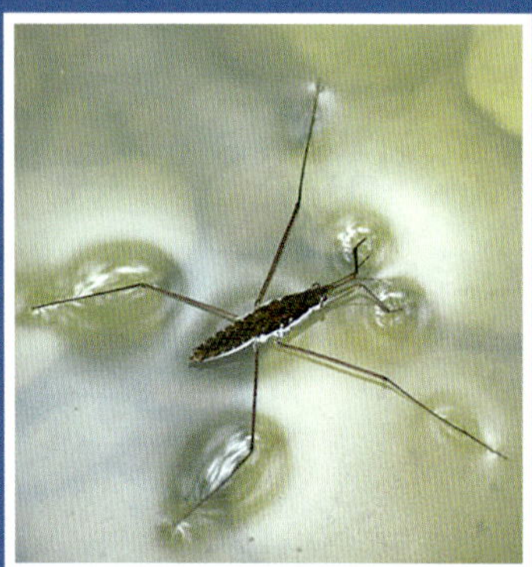

Les gerris ont la capacité de se déplacer sur l'eau. En effet, ils tiennent à la surface de l'eau grâce à leur faible poids et aux poils hydrofuges à l'extrémité de leurs pattes (tarses) qui créent des petites dépressions; en effet, la « tension superficielle » de l'eau repousse les substances hydrophobes posées à sa surface.

Le gerris marchant normalement sur l'eau est considéré comme bio-indicateur d'une eau non polluée par un tensioactif.

Les gerris sont des punaises carnivores, qui se jettent sur les petits insectes qui tombent à la surface de l'eau. Avertis par les vibrations, les gerris les capturent et y plantent leur rostre.

Les Deux-Eaux

18 Sur les rives de la Fure - 1

– Voiron –

FICHE TECHNIQUE

Rives	3,7 km
1 h 30	3233SB
50 m	383 m

Accès

À l'ouest de Rives, une petite route mène au lieu-dit La Poype. Se garer sur un petit parking situé non loin du pont de la Fure.

Difficulté

Facile.

À la recherche de fraîcheur…

Pas facile d'échapper à l'attrait de la rivière, ou de ne pas la voir !

Si la baignade est interdite dans les étangs, ils donnent l'occasion de pauses agréables, notamment pour un repas tiré du sac.

Les franchissements de la Fure par des ponts et des passerelles seront autant d'occasions de flâner et de se distraire…

Introduction

À l'ombre des imposants massifs du Vercors et de la Chartreuse, résident à l'est quelques collines *a priori* sans prétention, qui pourtant recèlent de petits trésors à découvrir en famille. C'est le cas de la vallée de la Fure qui fut, durant de longues années, réputée pour ses industries, implantées là à cause de la présence d'une énergie permanente toute l'année : l'énergie hydraulique.

De nombreux vestiges sont visibles tout au long du cours d'eau : canaux, usines, barrages, etc. Cet aspect patrimonial complète agréablement une balade facile et reposante, loin des sommets et proche de l'eau courante.

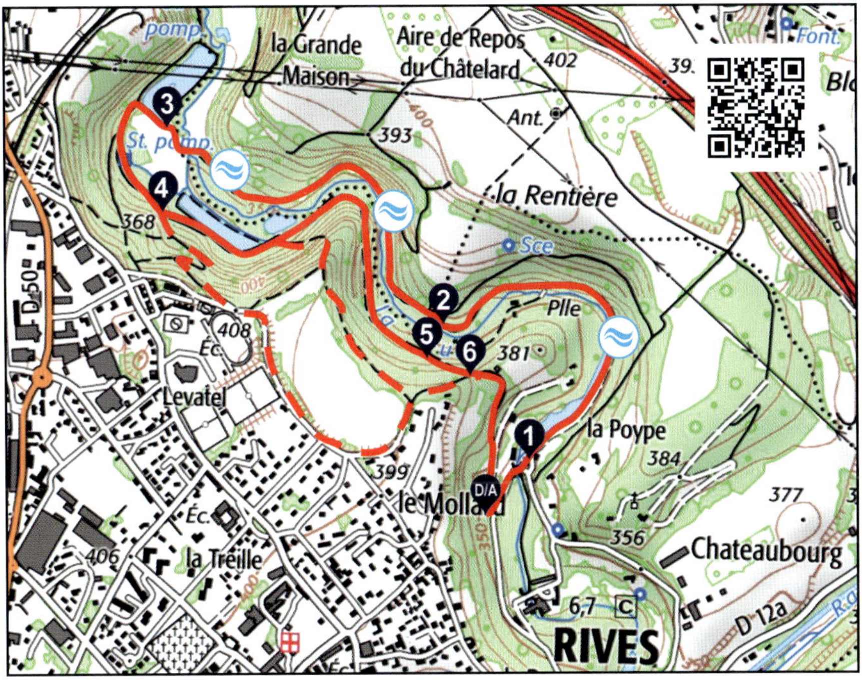

Utilisation de l'eau sur la Fure

Plan d'eau près de la Fure

Itinéraire

1. Emprunter la route vers le nord sur 100 m jusqu'à franchir le pont sur la Fure et prendre le chemin partant à gauche, qui longe les maisons. On remonte la rivière en rive gauche par un chemin évident.

2. Continuer en rive gauche en délaissant les ponts permettant de traverser la Fure et en suivant les larges méandres du cours d'eau.

3. Après 1,5 km, atteindre finalement un plan d'eau qu'on longe en le laissant à main droite. Après avoir quitté ce plan d'eau, prendre le sentier qui part à niveau sur la gauche.

4. Quelques mètres plus loin, conserver sa gauche pour longer un nouveau plan d'eau et traverser un canal que l'on longera.

Il est aussi possible de prendre des sentiers montant dans les bois (pointillés rouges) et menant tous au (6).

5. 600 m plus loin, retraverser le canal par une passerelle sur la droite et remonter le chemin.

6. On arrive à une intersection sur un point haut ; prendre alors le chemin qui redescend à gauche jusqu'à retrouver le parking.

Les méandres

Quand elle ne rencontre pas d'obstacle ou quand la pente est forte, la rivière est en général « rectiligne », comme dans un canal ou dans un torrent. Quand la pente est moins forte, l'eau « frotte » sur les bords de son lit en érodant les berges, créant peu à peu des virages, appelés « méandres ».

L'eau coulant dans les méandres a plus de chemin à parcourir et moins de force pour couler; elle coulera donc plus lentement.

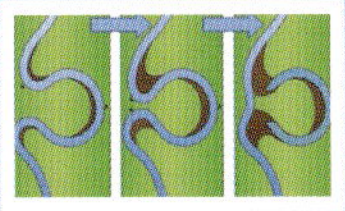

À terme, ces méandres sont de nouveau « court-circuités » pour retrouver un chemin droit... avant de créer de nouveaux méandres. Il existe un équilibre subtil entre le débit (en particulier la vitesse de l'eau), la pente de la rivière et la granulométrie du fond: en montagne, avec de fortes pentes et de gros cailloux, les rivières sont plutôt rectilignes alors qu'en plaine, à faible vitesse et avec des particules plus fines, la rivière à tendance à essayer d'allonger son linéaire, formant ainsi des méandres...

Les méandres les plus connus sont probablement ceux du Colorado aux États-Unis, mais la plupart des rivières de la région ont un comportement identique, quoique bien plus modeste !

Méandre du Horseshoe Bend sur le fleuve Colorado

19 Sur les rives de la Fure - 2

– Voiron –

Accès

Sur le « bas » de Renage, au lieu-dit La Guillonnière. Suivre les pancartes « La Grande Fabrique ». Se garer avant le portail.

Difficulté

Facile.

FICHE TECHNIQUE

Renage	4,7 km
1 h 30	3233SB
110 m	292 m

Introduction

Comme l'itinéraire proposé sur l'amont de la Fure (voir page 96) reste relativement court, il est possible de réaliser une deuxième promenade qui peut s'enchaîner aisément avec la première, à moins de 5 km de là, sur la partie plus à l'aval. Il serait dommage de s'en priver !

L'occasion de se replonger dans le passé, dans des métiers méconnus, tout en profitant d'un circuit artistique loin des foules… En effet, vous aurez peut-être la chance d'y voir une exposition de photographies le long du parcours !

Itinéraire

1. Franchir le portail et tourner à gauche en direction de la chapelle, qui vaut le coup d'œil si elle est ouverte.

La Fure

Juste avant la chapelle, traverser la Fure et monter rapidement sur un sentier (« Boucle des Abeilles ») qui part bientôt à droite, et qui longe la rivière par un sentier balcon.

2. Le chemin rejoint bientôt une piste que l'on continue en longeant une ancienne papeterie.

3. Continuer à descendre le long de la Fure en rive gauche jusqu'à atteindre un plan d'eau au bout d'1,5 km.

4. Juste à l'aval du plan d'eau, tourner à droite pour traverser le cours d'eau et prendre le sentier qui remonte le long de la rivière. On pourra noter quelques pancartes explicatives sur la faune locale.

5. On rejoint au bout de 500 m une route qui passe dans des hangars.

6. La poursuivre jusqu'à une épingle à cheveux, 1 km plus loin. Là, continuer tout droit par un sentier qui descend au point de départ.

À la recherche de fraîcheur…

Le cours d'eau n'est jamais loin mais rarement accessible aisément. On profitera essentiellement de la relative fraîcheur qu'offre cette vallée encaissée grâce à la proximité de l'eau et le couvert forestier.

La Grande Fabrique

Les taillanderies de la Fure, l'eau et l'acier

Pendant des siècles, la Fure a été la source d'énergie des industries du territoire, dont des taillanderies. La **taillanderie** est le commerce et la fabrication de l'ensemble des outils et instruments tranchants et des outils utilisés par les agriculteurs, les terrassiers et certains artisans (charpentiers, tonneliers...).

Le cours d'eau est alors utilisé comme force motrice pour alimenter les moulins, pressoirs et forges. La Fure joue un rôle fondamental aux XVIe et XVIIe siècles dans l'implantation des aciéries de Rives. Au XIXe siècle, l'industrie se diversifie : aciers fins, taillanderies, papeteries et production électrique.

Le territoire isérois est le seul producteur d'acier en France jusqu'au début du XIXe siècle. En 1811, un recensement fait état de 27 forges à acier, réparties sur le seuil de Rives et dans le Bas Dauphiné : 1800 tonnes d'acier et 945 tonnes de fer étaient produites. L'acier fin est entièrement exporté vers les fabriques d'armes de Saint-Étienne, ou la coutellerie de Thiers, tandis que l'acier fendu ou ferreux est transformé sur place dans les taillanderies en outils pour l'agriculture (faux ou faucilles).

20 Aux prises de Saint-Égrève

– Chartreuse –

Accès

Se garer dans la Monta, sur les parkings gratuits (pas de place plus haut, merci de respecter les lieux et les habitants).

Difficulté

Facile.

FICHE TECHNIQUE

La Monta	1 km
30 min	3334OT
50 m	290 m

Introduction

Non loin de la ville, il existe des petites perles qu'il s'agit de préserver.

Celle-ci, à quelques encablures de la Bastille, est à découvrir hors saison (l'accès est interdit en été) et évoque des temps immémoriaux où l'eau était une richesse mise à profit par les usines.

À noter que, plus en amont, la Vence est le théâtre de l'une des toutes premières descentes en canyoning de la région, très encaissée et très engagée sur son début.

D'ailleurs, depuis Quaix-en-Chartreuse, un chemin de pêcheurs permet, par une sente parfois glissante et pentue, d'accéder aux vasques situées à l'aval du canyon. Un cadre d'une fraîcheur incomparable...

Attention : le lieu est aujourd'hui protégé à cause de la forte fréquentation et des dégradations observées. Par ailleurs, il est nécessaire de ne pas se garer à proximité du départ et de respecter l'interdiction de baignade. La commune a ainsi décidé d'installer une barrière à l'entrée du chemin pour en interdire l'accès en été de mi-mai à mi-septembre.

Itinéraire

1. Remonter la rue de Champy. Franchir le portail et emprunter le chemin le long du canal jusqu'à la cascade.

2. Revenir par le même chemin.

Vasque de la Vence

Arrivée du canyon de l'Infernet

Le canal des usiniers

Les origines du canal de Saint-Égrève remontent au XIe siècle, époque où le seigneur du Dauphiné ordonna sa construction puis en fit donation au prieuré Saint-Robert-de-Cornillon.

Plusieurs moulins seront ensuite construits le long de ce canal au fil du temps. Le canal fournit également l'eau potable aux habitants, dans un secteur où les sources sont absentes.

D'abord nommé « canal des Moulins », Il devient ensuite le « canal des Usiniers » avec la révolution industrielle, en référence aux usines qui s'y installent le long de son cours telles que des papeteries, cimenteries, scieries, etc.

Cascade sur la Vence

21 À Jacob, le Nant du Pontet

– Chartreuse –

FICHE TECHNIQUE

Jacob-Bellecombette	1,6 km
1 h	3333OT
60 m	376 m

Accès

Parking de l'école du Grand Pré.

Difficulté

Facile.

Introduction

Parler de randonnée pour cette courte balade serait présomptueux.

Situé dans un cadre urbain, cet itinéraire reste malgré tout intéressant pour son dépaysement ; à consommer comme une friandise ou un apéritif !

Pour ceux qui veulent transformer cette escapade en randonnée plus longue, il est possible de réaliser une boucle par Bellecombette (pointillés en rose sur la carte IGN), la montée se déroulant à l'ombre et proposant quelques proximités avec la rivière.

Toutefois, le retour emprunte de longs tronçons de route en plein soleil, faisant perdre de l'attrait à ce parcours en plein été ; on conseille donc de réserver cette boucle complémentaire pour des journées plus douces !

Itinéraire

Descendre la rue des Écoles et tourner à gauche.

1. Au rond-point, continuer tout doit sur la route goudronnée puis tourner à gauche en direction du « Sentier des Cascades » en longeant le ruisseau (ou Nant) du Pontet.

Dédale du Pontet

L'une des cascades du Pontet

Atteindre la première cascade (passerelle en bois) en quelques minutes.

2. Reprendre le sentier en suivant « Sentier des Cascades/Boucle supérieure ». Tourner à droite à l'intersection et rester sur le chemin le plus à droite pour longer les barrières et atteindre la seconde cascade.

En remontant jusqu'à la route, et en franchissant le pont à droite, on trouve de nouveau un cadre rafraîchissant où l'on pourra prendre le temps de s'arrêter.

3. Le retour peut s'effectuer par le même trajet en sens inverse, ou en prenant le sentier à droite dans la descente, juste après le pont. Le chemin descend alors tout droit à travers les immeubles jusqu'à retomber sur le haut de la rue des Écoles.

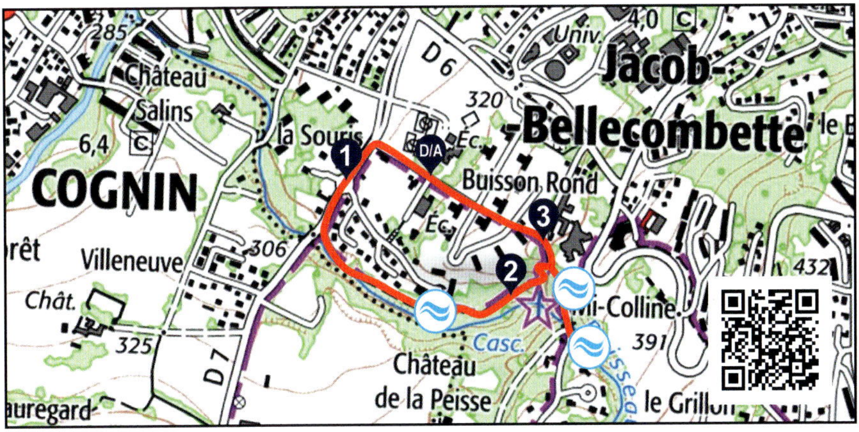

À la recherche de fraîcheur…

Cette courte balade est surtout l'occasion de découvrir ce petit cours d'eau et les cascades qui l'agrémentent.

Il est possible de le prolonger plus en amont, mais la chaleur y est présente et l'on chemine par des tronçons de route qui ne permettent guère d'y trouver de l'ombre !

Nant, le nom des petits

Le Nant vient du gaulois *nanto* qui désigne une « vallée où coule un cours d'eau ». Il se rencontre fréquemment dans la désignation de cours d'eau modestes (voir page 52 « Les gorges du Nan ») ainsi que de hameaux (ou lieux-dits) qui les bordent, avec parfois des adaptations locales: le Nantet à Entremont-le-Vieux, le Nancey à Chapareillan…

22 Au bord du Tenaison

– Chartreuse –

FICHE TECHNIQUE

Départ	Proveysieux	Distance	2,3 km
Durée	1 h	Carte	3334OT
Dénivelé	150 m	Altitude max.	527 m

Accès

Église de Proveysieux.

Difficulté

Facile.

Introduction

Voilà une balade qui ne paie pas de mine de prime abord… Et pourtant, elle offre plusieurs avantages : elle est proche de la vallée, courte, facile, avec une rivière offrant de belles possibilités de trempette.

Depuis Proveysieux, le panorama sur le Néron (l'un des plus beaux angles de vue, au demeurant) et sur le Vercors en toile de fond est à lui seul un plaisir pour les yeux. Par ailleurs, le patrimoine historique est de la partie avec le « chemin des Peintres » ponctué de panneaux didactiques qui revient sur le destin de l'école de peinture de Proveysieux… Enfin, les passionnés d'orchidées reconnaîtront là un coin où l'on peut, en cherchant bien au-dessus et en dessous du village, découvrir pas moins de dix espèces locales, au printemps !

Il est possible de combiner cette balade avec d'autres randonnées proches. On peut citer notamment la randonnée au belvédère du Scialet, qui peut partir du même endroit ou, plus court, du lieu-dit La Rigaudière, plus au sud ; cette balade est certes un peu plus difficile, plus longue et moins rafraîchissante, mais le point de vue sur la vallée est superbe.

Quant à lui, le col de la Charmette, en bout de route au nord, est le point de départ incontournable pour les vedettes des lieux : la Grande Sure à l'ouest et le Charmant Som à l'est...

Itinéraire

1. Prendre la route qui descend à côté de l'église en suivant le « sentier des Peintres » et « Quaix-en-Chartreuse » au niveau de la pancarte de randonnée « L'Église » (pancartes et balisages jaunes). Une fois sur la piste, continuer tout droit sans prendre un chemin partant à droite.

2. Arrivés à une maison en pierre, descendre le chemin jusqu'à la rivière. On y trouve quelques ruines, notamment du moulin de Brieux.

3. Il est envisageable (et recommandé) de prolonger la balade par un aller-retour de 100 m vers la passerelle située à l'aval, au niveau d'un oratoire.

On peut aisément rejoindre le bord de la rivière où de nombreux coins sont propices à la flânerie.

4. De retour au moulin, prendre le chemin qui remonte à gauche, longe la vieille bâtisse et retrouve rapidement la forêt.

5. À l'épingle à cheveux, il est possible de continuer tout droit, jusqu'à une passerelle, voire encore plus loin, sans changer de rive : de nouvelles vasques plus confidentielles vous y attendent... Sinon, prendre à gauche en suivant le panneau « Retour village », par un sentier qui monte de manière soutenue puis une route qui ramène à l'église.

Vue sur le Néron depuis Proveysieux

Le Tenaison

À la recherche de fraîcheur…

Une fois arrivé au bord du Tenaison, de nombreuses options s'offrent à vous, aussi bien en allant vers l'aval qu'en amont du moulin. Sur le chemin du retour, une nouvelle pause est possible en suivant les sentes existantes et en cherchant à se rapprocher du cours d'eau.

Ravanat et ses amis

Proveysieux a su séduire et attirer toute une colonie d'artistes de la moitié du XIXe au début du XXe siècle.

En 1863, Théodore Ravanat, peintre paysagiste grenoblois, et deux de ses amis s'installent à Proveysieux qui offre un environnement idéal pour ces passionnés de peinture, de nature et de randonnées.

Ils sont très vite rejoints par d'autres artistes, et créent une école de peinture du paysage, parfois appelée « **école de Proveyzieux** », qui a perduré pendant près de quatre-vingts ans.

Plusieurs de leurs tableaux s'inspirent des paysages rencontrés lors de cette balade.

Le badaud de Proveyzieux,
Théodore Ravanat

23 En remontant la Roize

– Chartreuse –

Accès

Petit parking en fin de la route bitumée du chemin du Gigot (à droite en montant vers le col de la Placette), avant un pont sur la Roize.

Difficulté

Moyenne – cheminement au fil de l'eau et un passage délicat en sortant du cours d'eau (petite corde appréciable pour assurer les moins aguerris).

FICHE TECHNIQUE

- Voreppe
- 4,2 km
- 3 h
- 3334OT
- 300 m
- 673 m

Introduction

Il est des randonnées qui ne paient pas de mine… Et pourtant ! Ici, vous aurez l'impression de partir à l'aventure dans des coins oubliés… entre deux chemins pourtant si fréquentés !

Vous remontez le cours de la Roize, sans pour autant avoir à vous mouiller les pieds (mais est-ce seulement un objectif, finalement ?) ; vous découvrez des falaises paraissant vivre leurs dernières décennies tant elles paraissent friables, des vasques où l'on prendrait presque le temps de s'y tremper et quelques passages délicats qui donnent encore un peu de piment à ce parcours.

Si le sentier est peu tracé, la progression reste aisée : il suffit de remonter le cours d'eau, de bloc en bloc. Un passage sur la fin emprunte un tronc avec des marches taillées.

Attention à ne pas y aller trop tard en saison si vous voulez profiter de l'eau.

Bien entendu, comme c'est le cas pour la plupart des parcours proches de l'eau, attention à ne pas y aller en cas de pluies intenses et de montée possible des eaux… Dernière recommandation : au retour, penser à bien vérifier que quelques tiques n'en ont pas profité pour élire domicile sur votre peau.

À la recherche de fraîcheur…

Voilà un parcours qui, par définition, propose une découverte de très près de la rivière !

Durant toute la montée, il est possible de prendre le temps de faire une pause au bord de l'eau, s'y tremper les pieds…

Il faut bien entendu en profiter, car la Roize n'est pas accessible lors de la descente, qui se déroule au-dessus de la falaise surplombant le lit de la rivière !

Vasque de la Roize

Vue sur le Vercors depuis la Rigonnière

Itinéraire

1. Traverser le pont pour être en rive droite et emprunter la piste qui remonte le long de la Roize. Au bout de 300 m, prendre à droite vers le gué de Roize.

2. Traverser la rivière et, quelques mètres après, laisser le chemin balisé pour emprunter sur la gauche une sente discrète qui chemine vers l'amont. Ne pas hésiter à se rapprocher ponctuellement de la Roize, de belles vasques se prêtent à la découverte !

3. Le sentier « tracé » se termine à l'aplomb de falaises, au détour d'un méandre de la Roize. On poursuit alors en suivant la rivière au plus simple et souvent au plus près de l'eau, avec parfois des cairns pour indiquer l'itinéraire.

4. Après 150 m de remontée du cours d'eau, un dernier passage consiste à franchir un gros rocher par un mince tronc entaillé (une corde peut s'avérer utile pour sécuriser le passage) ou éventuellement par la gauche, les pieds dans l'eau.

5. Une centaine de mètres plus en amont, on retrouve finalement le gué du fond de la Roize. Prendre alors le sentier qui part sur la droite. On emprunte d'abord un beau sentier en balcon puis un chemin descendant, dominant les falaises.

6. À l'intersection (banc et pancartes jaunes), tourner à droite vers Voreppe.

7. Plus bas, au niveau d'une grande prairie que l'on distingue sur la gauche, un peu avant le lieu-dit « La Rigonnière », prendre un sentier partant à droite pour retrouver le gué de Roize et la piste du départ.

La molasse, une roche particulière

Le vallon de la Roize a été creusé dans des **molasses**, de résistance plus faible par rapport aux roches calcaires plus anciennes de ses deux versants.

La molasse est une roche composée de sédiments déposés au Miocène (de -23 à -5 millions d'années), dans une mer qui bordait les Alpes, au niveau du Bas Dauphiné actuel. Ces anciens sables provenaient de rivières qui érodaient les Alpes (alors en pleine surrection) et se sont déposés dans une mer peu profonde en formant des grès (sables cimentés). Dans certains cas, comme à Voreppe, cette sédimentation s'est déroulée dans le delta de rivières charriant des galets, à l'origine de « conglomérats », formation géologique à base de galets cimentés intercalés avec des grès, comme dans la vallée de la Roize.

La molasse est une pierre qui était utilisée jusqu'à la moitié du XXe siècle dans les constructions et pour les sculptures. Les maisons utilisaient ainsi les <u>pierres calcaires</u> sur les parties basses des maisons pour prévenir les arrivées d'eau. Tendre et facile à tailler, <u>la molasse</u> était quant à elle souvent utilisée pour les encadrements de portes et de fenêtres.

L'origine du terme « molasse » pourrait provenir du mot meule, la molasse constituant une pierre bien adaptée pour des meules à aiguiser. Il pourrait aussi provenir du latin *mollis* (« mou »), la molasse étant friable et constituant généralement des formes molles.

L'origine du nom de lieu « **Malossane** », à proximité de là, pourrait venir du terme « molasse », ce qui serait confirmé par la présence d'une carrière de molasse à proximité.

24 La fontaine du Vieil Homme

– Chartreuse –

Accès

Depuis le col de la Placette, prendre la route du Grand Ratz. Se garer sur un petit parking à droite, 1 km avant d'arriver au village.

Difficulté

Facile – passage de 600 m sur la route (peu fréquentée). Par ailleurs, les pierres sont glissantes en arrivant à la fontaine et il peut y avoir un peu d'eau sur le chemin… et quelques moustiques !

Introduction

Le massif du Ratz est un peu une « chasse gardée » des habitants du Pays voironnais. Il paraît modeste par rapport aux massifs proches que sont la Chartreuse et le Vercors ; et pourtant, il recèle de petits passages frais, humides… voire parfois propices aux moustiques !

En certains endroits, on pourrait se croire perdus dans des canyons végétaux. À l'instar de la randonnée du rocher de la Garde, non loin de

FICHE TECHNIQUE

- La-Sure-en-Chartreuse
- 4,8 km
- 2 h
- 3334OT
- 230 m
- 746 m

là (voir page 130), la fontaine du Vieil Homme est un petit coin assez improbable où coule toute l'année une eau presque timide.

Si l'objectif de cette balade est bien cet endroit insolite que constitue la fontaine, le reste de l'itinéraire demeure bien ombragé et a l'avantage d'être proche de la vallée. Seule ombre au tableau de cet itinéraire bucolique : un passage obligé de 600 m sur une route. Soyez prudents !

Itinéraire

1. Prendre la piste forestière qui rejoint bientôt la ferme « Cossert de Gilles » que l'on traverse.

2. Après une légère montée, poursuivre tout droit en laissant la piste qui vient de la gauche.

3. Descendre progressivement, en passant la croix, puis le belvédère (belle vue sur le Pays voironnais) situé dans une épingle à cheveux. Poursuivre la descente jusqu'à rejoindre la route du Bret.

Vue sur la Grande Sure

4. Remonter la route à droite, sur 600 m, en restant prudent.

5. Lorsque la route longe des falaises sur la gauche, prendre à droite le chemin peu visible dont le départ se situe juste en face de la croix nichée dans la falaise. Le sentier, d'abord peu pentu, pénètre bientôt dans les gorges en montant plus nettement.

6. Dans la partie haute du canyon se trouve la fontaine du Vieil Homme, lovée au pied d'une falaise sur la droite.

7. Continuer le petit chemin qui serpente dans un chaos de pierres ; une fois celui-ci passé, tourner légèrement à gauche sur le sentier principal qui emprunte une « tranchée » sur quelques mètres. Arriver à une pancarte rouge « Réserve de chasse et de faune sauvage » cloué à un arbre, tourner à droite et continuer à monter en restant sur le sentier principal (ne pas prendre les sentes qui partent à droite).

8. Poursuivre tout droit pour longer les zones humides à gauche et les champs souvent occupés par des vaches à droite, et déboucher sur la ferme de la Gourmandière, où il est possible d'acheter de délicieux fromages.

9. Retrouver la route du Grand Ratz que l'on remonte à droite sur 200 m.

10. Récupérer une piste qui monte franchement sur la droite. La suivre en montant toujours pour retrouver le point de départ.

Fougère scolopendre, scolopendre... et scutigère !

Près de la fontaine, comme en de nombreux endroits décrits dans cet ouvrage, on pourra observer une fougère au nom étrange : la fougère scolopendre...

La **fougère scolopendre** (*Asplenium scolopendrium*) est une fougère abondante dans les « forêts de ravins » que l'on trouve jusqu'à 1800 m d'altitude. Elle vit dans des endroits ombragés, souvent sur des sols calcaires, mélangés à des graviers, argiles ou sables. On la rencontre notamment au bord des ruisseaux et sur de vieux murs ombragés.

La scolopendre, quant à elle, est un myriapode (« mille-pattes ») ; c'est un animal carnivore et parfois venimeux. L'espèce présente en France (près du bassin méditerranéen uniquement) ne constitue toutefois pas de réel danger pour l'homme.

Il ne faut pas la confondre avec la **scutigère véloce**, qui est aussi un myriapode et que l'on trouve fréquemment dans les endroits humides et chauds de nos maisons. Cet animal (qui n'est pas un insecte, ceux-ci ayant six pattes) est très discret et non nuisible. Sa morsure est très rare et bénigne pour l'homme. La scutigère véloce se nourrit de moustiques, mouches, grillons, punaises, fourmis, termites, guêpes et blattes... un véritable insecticide naturel !

Dans le canyon

À la recherche de fraîcheur...

Si toute la partie en sous-bois permet de conserver des températures clémentes, c'est évidemment dans le canyon, à proximité de la fontaine, que l'on pourra profiter du frais.

Certes, ici, pas de baignade envisageable, mais la garantie d'une ambiance tempérée même en pleine canicule !

25 Autour de la cascade de la Pisserotte

– Chartreuse –

Accès

Entre le col de la Placette et Saint-Joseph-de-Rivière, se garer au lieu-dit Le Jalas, à côté de l'arrêt de bus.

Difficulté

Facile – l'accès final à la cascade peut nécessiter l'usage des mains sur un passage et l'on peut se mouiller les pieds en fonction du débit…

FICHE TECHNIQUE

Saint-Joseph-de-Rivière

4 km

1 h 30

3334OT

250 m

673 m

À la recherche de fraîcheur…

Question fraîcheur, la cascade est bien entendu le point culminant de cette balade. Pour autant, le trajet permet des pauses aquatiques, avec parfois, en cherchant bien, de petits ressauts de pierres permettant de s'y tremper. Enfin, au niveau du parking, on pourra flâner le long du Merdaret pour y trouver un coin tranquille, en le remontant un peu par une piste forestière.

Introduction

Un incontournable, par sa proximité et son accessibilité !

La cascade de la Pisserotte, haute de 64 m, est plus une sortie qu'une randonnée. En effet, l'accès est rapide, assez facile (sauf peut-être le dernier passage à la toute fin, où il est nécessaire d'utiliser ses mains) pour une belle vue à l'arrivée. Si le trajet se prête bien à des jeux dans la rivière, il n'est pas simple de se baigner sous la cascade ! En effet, il n'y a que très peu de fond, et l'air est… humide ! On peut toujours pique-niquer en s'installant sur les bords (pentus) ou un peu plus bas.

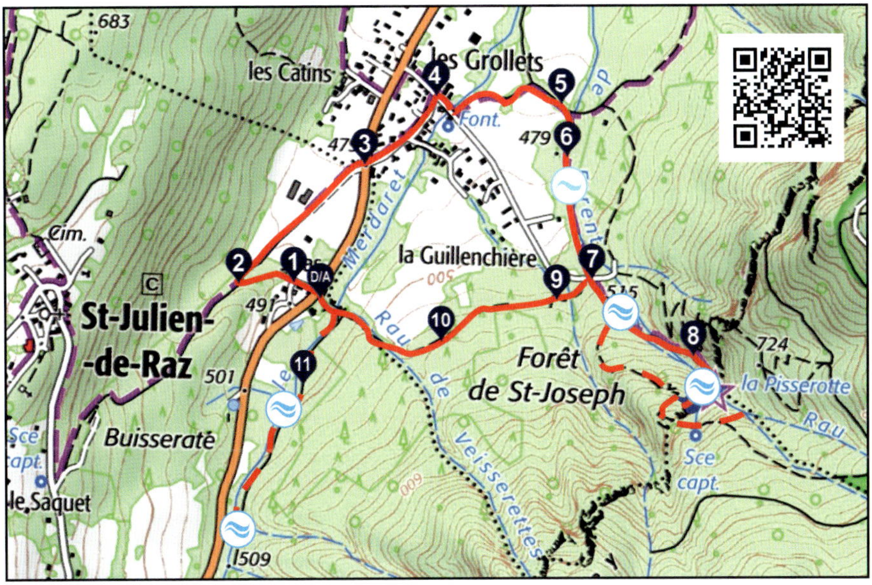

À noter que l'on peut combiner cette balade avec d'autres itinéraires (le rocher de la Garde par exemple) ou, pour les plus jeunes, une visite de la ferme de Plantimay et ses excellents produits fromagers à acheter sur place, ou le jeu de piste « Sur les traces du petit peuple » avec l'application Baludik, à Saint-Joseph de Rivière.

Itinéraire

1. Traverser la route et passer entre les deux maisons par le petit portillon, qui protège l'impasse de l'accès immédiat à la route, que l'on referme bien derrière soi. Remonter la route sur 50 m et continuer tout droit au niveau d'un poteau électrique sur un large chemin en herbe. Poursuivre sur ce chemin en longeant la lisière de la forêt.

2. Rejoindre 150 m plus loin une piste que l'on emprunte à droite. La poursuivre tout droit sur 400 m pour rejoindre une route que l'on traverse.

3. De l'autre côté de la route, emprunter le chemin des Grollets qui traverse le hameau en gardant légèrement sa gauche.

4. À la pancarte de randonnée « Les Grollets », tourner à droite en direction du ruisseau de Forent. Juste après le lavoir et le petit pont, tourner à gauche pour longer un petit ruisseau, le Merdaret, et rester sur ce chemin en tenant sa droite.

Derniers mètres avant la cascade

5. À la pancarte « Ruisseau de Forent », continuer à droite par le chemin en direction de la cascade de la Pisserotte.

6. À la cabane de la Pisserotte, prendre le sentier situé sur la droite de la cabane et qui monte en forêt le long du ruisseau de Forent.

7. On rejoint bientôt la pancarte « Parking de la Cascade ». Prendre alors le chemin qui monte en direction de la cascade de la Pisserotte.

8. Poursuivre le sentier principal jusqu'à la cascade de la Pisserotte (aller-retour). Les derniers mètres se resserrent au moment de poser les pieds à flanc de canyon, et peuvent nécessiter de se mouiller un peu les pieds les jours de gros débit.

Il est possible de rejoindre le haut de la cascade par un sentier raide et un peu exposé, au dénivelé marqué (200 m supplémentaires). L'accès (aller-retour) se fait à droite de la cascade, par les pentes sur la droite, ou plus aisément dans la montée après le parking, au moment où le sentier tourne légèrement à droite en redescendant un peu, un sentier peu marqué part alors tout droit.

Le tour de la cascade par le dessus reste fortement déconseillé, le sentier étant très exposé et dangereux, notamment après la pluie.

9. À la descente, rejoindre le parking (**7**) et tourner à gauche en haut du parking sur un large sentier pas toujours bien fauché. On reste un moment en lisière de forêt, en montant légèrement au départ, avant de retrouver le couvert forestier.

10. Garder la piste principale qui redescend bientôt, en laissant les chemins arrivant par la gauche. On atteint bientôt un pont qui ramène au parking.

11. Juste avant le pont, on peut prendre à gauche et remonter quelque temps le long du torrent pour trouver un coin paisible au bord de l'eau.

Au pied de la cascade

La Grande Sure

Le trail de la Sure

De nombreux trails existent dans les massifs du Vercors et de Chartreuse.

Le trail du circuit de la Sure passe au pied de la cascade de la Pisserotte, par une partie du chemin décrit ici !

Partant de Voiron, il se déroule sur 55 km et 3 500 m de dénivelé pour atteindre la Sure avant de revenir à Voiron.

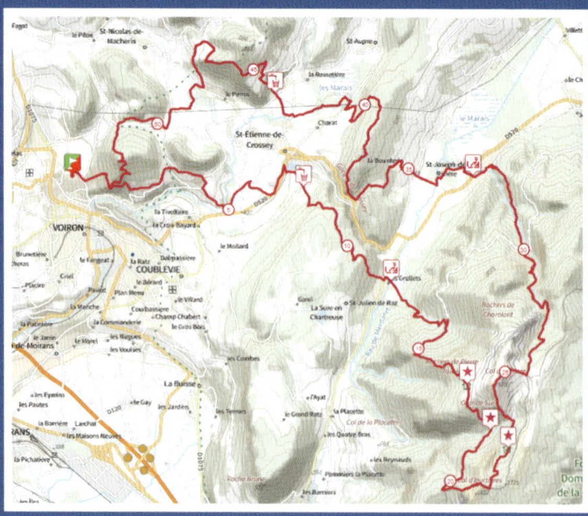

Cette course est l'une des plus anciennes de la région : la première édition a eu lieu en 1906, sur un parcours qui n'a pratiquement pas changé depuis !

La cascade de la Pisserotte

26 Le rocher de la Garde

– Chartreuse –

Accès

Parking situé près d'un site de trial dans les gorges de Crossey.

Difficulté

Facile.

FICHE TECHNIQUE

Lieu	Saint-Étienne-de-Crossey	Distance	4 km
Durée	2 h	Carte	3334OT
Dénivelé	300 m	Altitude	701 m

Introduction

Cette randonnée fait partie des rares de ce livre qui ne proposent pas de rendez-vous avec un ruisseau, une rivière ou une cascade. Et pourtant, cet itinéraire offre de bien belles découvertes au gré du parcours qui se déroule en grande majorité en sous-bois.

On pourra ainsi lister un belvédère offrant une vue imprenable sur la Chartreuse, le Vercors et le Pays voironnais, des lapiaz étonnants au point culminant, des falaises secrètes que seuls certains grimpeurs connaissent, un canyon ouvert garantissant une fraîcheur en toute saison… Sans prétention, cette balade confidentielle, non loin de Grenoble et de Voiron, offre un moment hors du temps et loin des itinéraires parfois trop fréquentés.

Vue sur la Grande Sure (à gauche) et le Vercors (au fond)

À défaut de source fiable, on peut aisément imaginer l'origine du nom de ce belvédère « Rocher de la Garde », coiffé d'une croix, et sans obstacle visuel, notamment vers l'ouest. De fait, monter la garde depuis ce sommet facilement accessible en fait un site privilégié !

Itinéraire

1. Prendre le chemin partant au niveau du parking, à l'est (indication « Le Rocher de la Garde »).

2. Atteindre assez rapidement le lieu-dit Les Cloches de Rome. Prendre le sentier partant à gauche en suivant le Rocher de la Garde. À la pancarte « Au-dessus des Gorges », prendre à droite toujours en direction du Rocher de la Garde. La montée se fait plus sensible, au pied de barres rocheuses et en forêt.

3. À l'indication « Sous le Rocher », poursuivre les 100 m restants jusqu'au sommet par l'un des nombreux chemins qui montent. Attention, on atteint une zone de lapiaz juste avant l'arrivée. Suivant le chemin choisi, il faudra enjamber des fissures plus ou moins larges ; essayer de choisir un itinéraire adapté !

4. Revenir à « Sous le Rocher » et prendre à gauche jusqu'à l'indication « La Garde ». Prendre alors à droite en direction de Saint-Joseph-de-Rivière par un sentier qui descend nettement (balisage jaune).

5. Arrivé à une large piste, continuer jusqu'à l'indication « Bassin de Rousset » et prendre à en direction du Bois de la Garde. Suivre la piste à niveau jusqu'à une intersection où un balisage jaune indique de tourner à droite. À l'indication « Bois de la Garde », continuer tout droit en direction de Saint-Étienne-de-Crossey.

6. Le sentier descend puis tourne à droite en suivant le balisage jaune. Traverser le canyon jusqu'à rejoindre le point (2) (« Cloches de Rome »). Tourner alors à gauche pour regagner le parking.

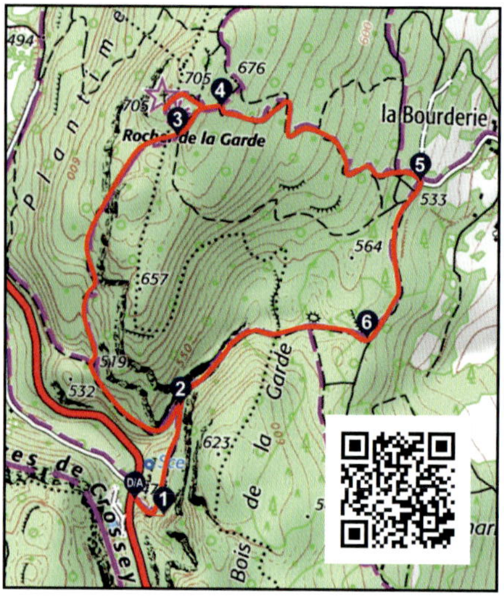

À la recherche de fraîcheur…

Certes, pas question d'enfiler son maillot sur le parcours. Et pourtant, la fraîcheur est bien au rendez-vous sur toute la partie des gorges, au départ et surtout en fin de balade. Le canyon qui vous attend dans les bois est inattendu, et vient agréablement compléter cette atmosphère particulière propre à cette partie du massif de Chartreuse.

Le p'tit lapiaz

Le lapiaz est un relief de surface que l'on trouve dans les massifs de roches calcaires comme la Chartreuse ou le Vercors. Il se présente comme une surface entrecoupée de nombreuses rigoles, fissures ou crevasses. Les arêtes de ces aspérités sont plus ou moins vives.

Le lapiaz a été créé par le ruissellement lent des eaux de pluie qui dissolvent la roche ou par l'alternance quotidienne des températures élevées ou très basses qui fracturent la roche.

Vue sur Saint-Étienne-de-Crossey

27 La grotte du Loup

– Chartreuse –

Accès

Parking Notre-Dame-du-Château, à côté du rond-point et non loin des terrains de tennis.

Difficulté

Facile.

FICHE TECHNIQUE

Miribel-les-Échelles

4,5 km

2 h

3333OT

200 m

612 m

Introduction

Quand on évoque le cœur de la Chartreuse, on pense aussitôt aux Guiers, cours d'eau régnant en maîtres des lieux. Pourtant, il arrive que les affluents, certes moins prestigieux, ne soient pas en reste.

C'est le cas de ce modeste ruisseau du Chenevas (issu de « chanvre », plante autrefois cultivée à Miribel et dont les fibres permettaient de confectionner des cordages ou de tisser de la toile pour en faire des chemises) qui prend sa source non loin de Miribel-les-Échelles pour rejoindre le Guiers en rive gauche juste à l'aval d'Entre-Deux-Guiers, lieu explicite de la confluence du Guiers Mort et du Guiers Vif.

Outre son déroulé agréable en forêt ou en terrain découvert offrant de beaux panoramas sur la Chartreuse depuis la plaine de Saint-Laurent-du-Pont, cet itinéraire propose de petites douceurs qui raviront les plus jeunes comme les plus âgés. Au programme, de petites cascades moussues (et glissantes !), un pont sur lequel d'aucuns ont planché, mais surtout une grotte, dénommée le « trou du loup » (ou « grotte du loup », selon), où l'on pourra s'aventurer sur quelques mètres avec une lampe. Qui sait, à défaut de voir un loup, peut-être entendrez-vous son cri ?

À la recherche de fraîcheur...

Si l'on n'a pas ici le caractère majestueux d'une cascade, on profitera de l'ombre bien présente sur la seconde partie du parcours.

Les franchissements des ruisseaux et de leurs petites cascades sont autant de moments à mettre à profit pour apprécier les lieux.

Mais, bien entendu, le clou du spectacle reste la grotte, intrigante et étonnante en ces lieux. D'ailleurs, la végétation n'est pas en reste, notamment l'arbre perché sur la gauche sur rocher !

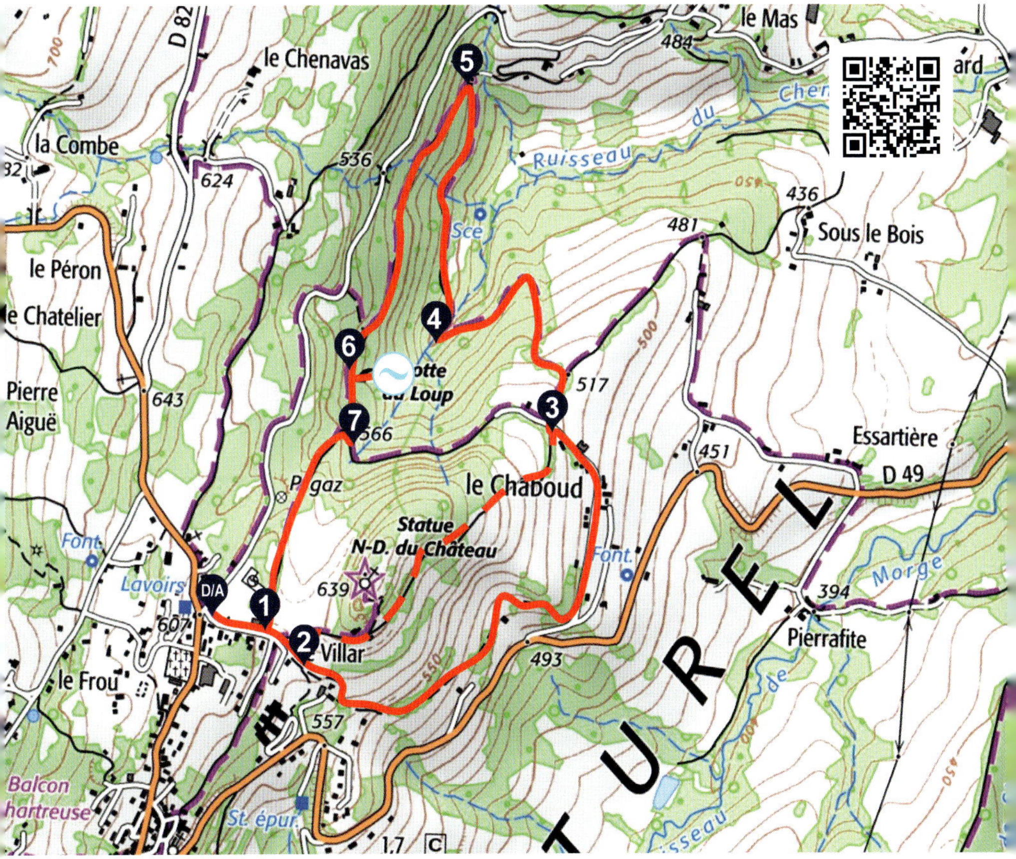

Itinéraire

1. Descendre la rue du Château et suivre la direction de Notre-Dame-du-Château.

Au panneau jaune « Le Villar », continuer à descendre la route (panneau « impasse »).

*Afin d'éviter une courte partie sur route, on peut aussi choisir de tourner à gauche en direction de Notre-Dame-du-Château sur la piste qui monte à la statue (ne pas hésiter à y jeter un œil), puis poursuivre à travers champ en redescendant à proximité de la lisière (chemin peu visible). On arrive à l'intersection de la route et du sentier citée en (**3**).*

50 m plus bas, délaisser la route pour prendre le chemin à gauche (balisage jaune) qui devient bientôt un chemin.

2. Poursuivre ce chemin qui descend en passant le long de propriétés (poteaux en bois marqués de jaune à leur partie supérieure) et offrant de belles vues sur les Échelles et les gorges du Guiers Vif. Retrouver la route que l'on prend bien à gauche (laisser à droite le chemin de Pierrafite) et la poursuivre vers le nord jusqu'à l'intersection d'un sentier, au panneau « Le Chaboud », un peu avant d'atteindre la forêt.

3. Tourner à droite sur le sentier, puis 100 m plus loin, tourner à gauche sur un sentier qui descend nettement (croix jaune et panneau circuit VTT marron n°3).

Vue sur les gorges du Guiers

Le trou du Loup

4. Atteindre un ruisseau que l'on traverse par un pont constitué d'une poutre. S'engager alors sur la remontée par le chemin.

Le sentier franchit un ruisseau (petites cascades) avant d'arriver à une épingle à cheveux.

5. Arriver à une épingle à cheveux, prendre à gauche (panneau 6 « Le rocher qui pleure ») pour traverser de nouveau un peu plus loin le ruisseau (nouvelles petites cascades) et rester sur le chemin principal à gauche à un semblant d'intersection juste après.

6. Moins de 500 m plus loin, un panneau indique sur la gauche le « Trou du Loup », accessible en aller-retour par un sentier court mais très pentu.

Avec une petite lampe et en faisant attention à sa tête, on peut s'engager dans la grotte, assez profonde pour ressentir la fraîcheur de la roche !

7. Reprendre le sentier principal et au panneau blanc « Notre-Dame-de-Miribel », emprunter le sentier de droite.

Un peu plus loin, on passe devant un bassin inachevé. Franchir bientôt un portail et longer une grande prairie de laquelle on aperçoit la statue de Notre-Dame-du-Château. On retrouve bientôt la route du château après avoir longé une maison.

Tourner à droite sur la route pour retrouver le parking.

Le lierre, le mal-aimé

Le lierre, présent sur la plupart des balades, est parfois considéré comme le bourreau des arbres... à tort !

Le lierre n'est pas un parasite, l'arbre « occupé » ne servant que de support à ses crampons : il a ses propres racines et réalise sa propre photosynthèse.

Le lierre ne fait pas mourir les arbres ; mais comme le lierre vit vieux, il survit souvent après la mort de son support...

En revanche, le lierre protège le tronc du gel et réduit le risque de maladie fongique pour l'arbre. De plus, le lierre fleurit en automne, attirant de nombreux insectes.

La saison de floraison étant décalée par rapport à celle de l'arbre, il n'y a donc pas concurrence au niveau de la pollinisation. Ce sont d'ailleurs les derniers miels de la saison, pour l'apiculteur !

Loin d'être du parasitisme, le lierre et l'arbre s'associent via un mutualisme car les deux parties y trouvent leur compte.

28 L'envers de Fourvoirie

– Chartreuse –

Accès

Petit parking sur le chemin du Souvenir Français (pancarte « Visitez le petit musée de Mariette »).

Difficulté

Facile.

FICHE TECHNIQUE

Lieu	Saint-Laurent-du-Pont	Distance	4,6 km
Durée	2 h	Carte	3334OT
Dénivelé	220 m	Altitude max	561 m

Le Guiers Mort à Fourvoirie

Introduction

Le patrimoine culturel de la Chartreuse est intimement lié à l'histoire des Chartreux et de l'élixir de la Chartreuse…

Cet itinéraire vous permettra de redécouvrir un site devant lequel on passe généralement sans s'arrêter, et qui pourtant intrigue : Fourvoirie. C'est là que se tenait l'ancienne distillerie de la Chartreuse ainsi que les forges !

Ce parcours est aussi l'occasion de parcourir un sentier artistique de Côte Curt, et de profiter des hauteurs de Saint-Laurent-du-Pont, villégiature où l'on se sent isolé, même à quelques minutes du centre.

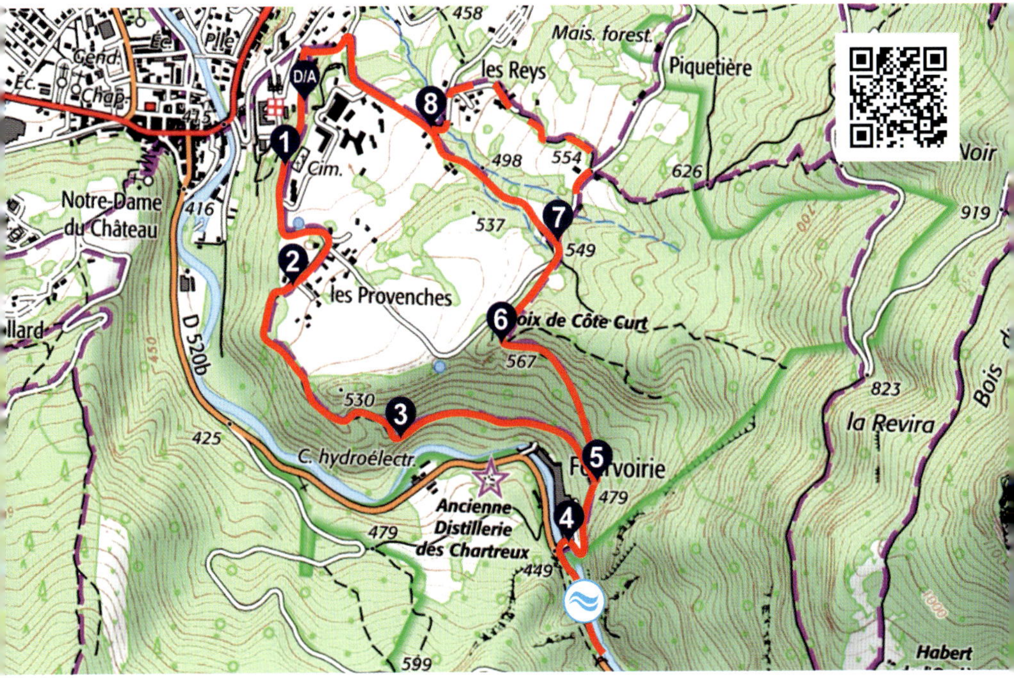

Enfin, on ne saurait oublier le maître des lieux, cours d'eau aux maintes facettes, dont l'impétuosité change au rythme des saisons… Malgré son nom, le Guiers Mort est bien vivant !

À la recherche de fraîcheur…

Le parcours se situe en grande partie en forêt et la partie près du Guiers permet de profiter de zones de fraîcheur bienvenues.

Le départ et l'arrivée restent toutefois au soleil !

Le Guiers Mort

Itinéraire

1. Emprunter la route (s'appelant d'abord « chemin du Souvenir Français » puis « chemin de Provenches ») en montant tout droit puis avec deux lacets sur 500 m, pour atteindre le hameau des Provenches.

2. 100 m plus loin, prendre tout droit le sentier qui passe le long d'une maison au bardage en bois (fontaine). Poursuivre sur ce sentier qui d'abord descend puis remonte avant de rester à niveau quelque temps.

3. À un croisement (pancarte « Fourvoirie » et balisage jaune), garder sa gauche pour descendre et arriver au panneau « Sur Fourvoirie ». Continuer à descendre à droite en direction de l'ancienne forge et de l'ancienne distillerie.

4. On atteint les anciennes forges dont l'accès est interdit. Traverser le pont sur le Guiers pour emprunter tout de suite à gauche une ancienne route, offrant de très belles vues sur le Guiers Mort.

Rebrousser chemin pour franchir à nouveau le pont et remonter à la pancarte « Sur Fourvoirie ».

5. Poursuivre à droite par le chemin qui monte, en prenant la direction de « Piquetière ». On emprunte alors une ancienne voie romaine, jalonnée d'œuvres des artistes de Chartreuse (le sentier artistique de Côte Curt).

6. Au point haut, une aire de repos comprenant tables, bancs et table d'observation, permet de profiter du panorama sur la vallée du Guiers et le Charmant Som. Redescendre sur la gauche par le chemin.

7. On arrive à une route que l'on prend à droite pour tourner à gauche à la pancarte « Haut de Provenches » par un sentier qui descend en direction de Saint-Laurent-du-Pont.

On peut aussi continuer sur la route et tourner 250 m plus loin, sur le chemin descendant sur la gauche à la pancarte indiquant « Les Reys ». On rejoint bientôt le chemin des Reys que l'on poursuivra jusqu'à retrouver le chemin des Moles.

8. Poursuivre le sentier (balisage jaune) en suivant Saint-Laurent-du-Pont par le chemin des Moles, en délaissant sur la droite le chemin des Chevillières. On retrouve bientôt la pancarte « Les Martins », où l'on tourne à gauche pour rejoindre le parking à quelques mètres de là.

L'histoire de Fourvoirie... et de la chartreuse

Né en 1764, l'élixir végétal de la Grande-Chartreuse, décliné aujourd'hui en différents produits (chartreuse verte, jaune, VEP...), est élaboré à l'origine au monastère de la Grande Chartreuse.

En 1862, face à la croissance des ventes, une distillerie est construite sur le site de Fourvoirie, non loin du monastère.

En 1903, on annonce la fermeture du monastère. Des soldats viennent chercher les Chartreux à la Grande Chartreuse afin de les expulser, sous les protestations de la foule dauphinoise qui s'y oppose. Les bâtiments sont abandonnés pendant trente ans.

Avec le retour des Chartreux en 1932, l'activité reprend à Fourvoirie jusqu'au glissement de terrain de 1935 qui détruisit les deux tiers de la distillerie, alors transférée à Voiron.

En face de l'ancienne distillerie des Chartreux se trouvent des usines, installées pour l'activité métallurgique. En effet, les Chartreux disposaient d'une forge et d'un haut-fourneau pour y traiter le fer.

Pendant des siècles, les Chartreux comptèrent parmi les principaux métallurgistes d'Europe et la qualité et la marque des fers cartusiens étaient très recherchées.

Fourvoirie

29 La montaison du Guiers Mort

– Chartreuse –

Accès

Pont de Saint-Bruno, ou juste après, en venant de Saint-Laurent-du-Pont.

Difficulté

Facile.
Quelques passages un peu délicats, où les mains peuvent servir.

FICHE TECHNIQUE

Saint-Laurent-du-Pont	2,5 km
1 h 30	3333OT
250 m	830 m

© Audrey Berthaut-Gerentès

Introduction

Voilà très probablement la balade qui fera le ravissement de tous ; c'est aussi un coup de cœur dans le massif de la Chartreuse.

Ici, le Guiers Mort se pare de ses plus beaux atours : eau limpide, arche double, cascades imposantes, vasques généreuses, passerelles, monolithe…

Bref, comme dit la chanson, il suffit de passer le pont et, tel un saumon remontant la rivière, de remonter quelque temps le Guiers ! Le trajet sur toute sa longueur se prête à une halte, ou plutôt à de multiples haltes.

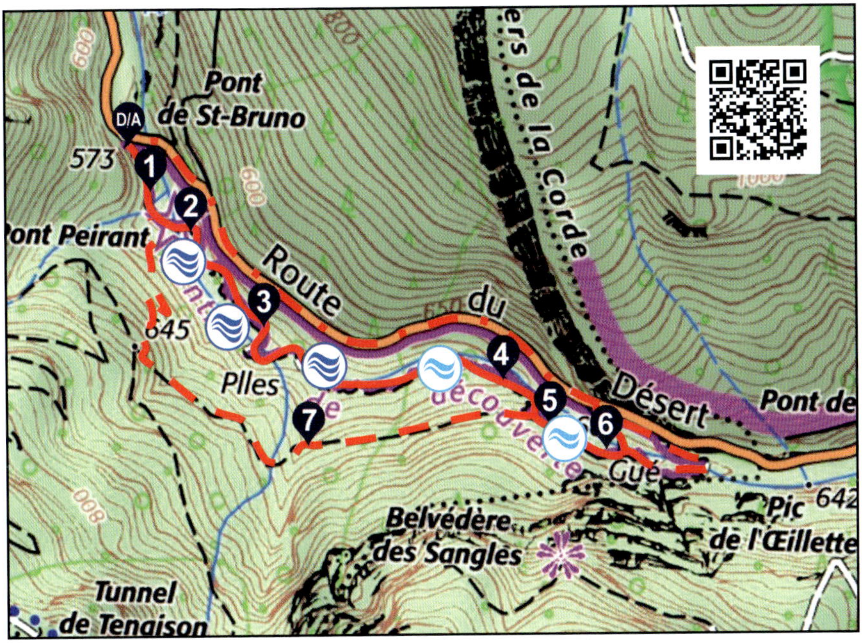

S'il fallait trouver quelques inconvénients : le sentier peut glisser par endroits, il présente quelques passages avec des rochers et quelques câbles ainsi qu'une fin un peu raide. Rien d'insurmontable pour tous les âges, à condition de rester vigilant avec les personnes les moins à l'aise.

À la recherche de fraîcheur…

Une fois encore, les possibilités de s'approcher de l'eau sont nombreuses !

Lors du passage du pont en pierre en début de parcours, on peut s'aventurer sur la droite pour descendre vers une belle vasque.

Il est toutefois nettement plus simple d'attendre d'être au bord de la rivière pour trouver son bonheur : « grotte » traversante, passerelle où certains plongent, substrat à nu pour se prélasser, il y en a pour tous les goûts !

Bien entendu, on ne boudera pas le plaisir de traverser la rivière à gué en fin de balade… voire de traîner un peu, les pieds dans l'eau !

Itinéraire

1. Depuis le pont de Saint-Bruno, descendre le chemin en rive gauche (indications : poissons bleus, pas toujours évidents à voir).

Juste avant de traverser un pont en pierre, on peut descendre sur la gauche pour voir une double arche. Attention, l'accès est glissant et non sécurisé ; ne pas glisser !

2. Après le pont en pierre, remonter le Guiers en rive droite, avec de nombreuses occasions de s'arrêter au bord de l'eau : vasques, passages sous les rochers, cascades, sauts pour les plus téméraires… tout y est !

3. Le parcours se poursuit en suivant les poissons bleus, en alternant les deux rives de la rivière et en empruntant des passerelles et quelques passages sur les rochers où les mains sont parfois utiles.

4. On aboutit finalement à une dernière montée raide, avec quelques lacets un peu glissants, qui débouche sur une piste.

5. Tourner à gauche pour descendre au bord du Guiers, d'où l'on aperçoit le pic de l'Œillette. On peut alors soit traverser la rivière à gué (en se mouillant un peu les pieds), soit poursuivre le sentier en rive gauche qui mène à une passerelle que l'on traverse, avant de revenir en rive droite.

Sur les rives du Guiers © Audrey Berthaut-Gerentès

6. Dans les deux cas, arriver sur la route D520b.

Pour le retour, trois possibilités s'offrent à vous :
- faire demi-tour ;
- faire du stop, le parking étant situé 1 km plus bas ;
- faire une boucle, en revenant sur la piste (6) et en la suivant à niveau. Le chemin se rétrécit jusqu'à atteindre un gros cairn.

7. On descend alors sur la droite par un sentier raide (attention, cela peut être glissant et dangereux) en lacets qui ramène au petit pont de bois du départ.

Guiers Mort... et Vif !

Selon la tradition, l'origine du nom « Guiers Mort » serait due à un effondrement karstique le long de son cours, créant pendant près d'une année, un barrage naturel et le tarissement temporaire du cours d'eau. Revenu « à la vie » grâce aux prières de Saint-Bruno, il garda cependant son nom.

Mais il existe aussi un Guiers Vif, plus au nord, qui délimite les départements de l'Isère et de la Savoie.

Les deux Guiers se rejoignent aux Échelles avant de traverser les gorges de Chailles et de se jeter dans le Rhône à Saint-Genix-sur-Guiers.

30 Le plateau de Flin

– Chartreuse –

Accès

Parking de Saint-Hugues.

Difficulté

Facile.

FICHE TECHNIQUE

Lieu	Saint-Hugues-en-Chartreuse	Distance	3,8 km
Durée	1 h 30	Carte	3334OT
Dénivelé	100 m	Altitude	938 m

Chamechaude depuis Saint-Hugues

Ruisseau des Corbeillers

Église de Saint-Hugues

Introduction

Voici une randonnée parfaite en toute saison et avec toute la famille !

En effet, si elle a bien sa place dans cet ouvrage malgré plusieurs parties ensoleillées, elle recèle d'autres avantages qu'il convient de citer.

Tout d'abord le cadre : la vue sur le Charmant Som, Chamechaude et le Grand Som est grandiose, tout en gardant un champ de vision très ouvert, ce qui ravira les amateurs de paysages.

Par ailleurs, l'aspect patrimonial et culturel n'est pas en reste : entre l'église de Saint-Hugues qu'il faut absolument découvrir (l'artiste Arcabas y est à l'honneur) et les fermes que l'on traverse, on sentira un lieu « habité ».

Enfin, ce lieu préservé de la foule offre la possibilité d'être parcouru avec autant de plaisir à chaque saison de l'année, aussi bien à pied qu'en raquettes, en hiver. D'ailleurs, la saison à neige accueille les amateurs de ski de fond, de luge et les débutants en ski de piste ; un lieu familial par excellence !

Itinéraire

1. Depuis le foyer de ski de fond, emprunter la piste partant au nord et laisser le petit cimetière à main droite.

2. Au bout du plateau (servant de stade de neige pour le ski de fond en hiver), à la pancarte « Flin », descendre le sentier à droite au fond du vallon des Corbelliers. Traverser la rivière par un pont défoncé.

3. Juste après le pont, à la pancarte « Pont de la Ravelle », prendre le sentier partant à gauche par un sentier pour remonter le long de la rivière, en rive gauche, franchissant des ruisseaux et de grandes prairies bucoliques. Il est possible de faire un arrêt le long de la rivière, soit au niveau du pont, soit juste avant d'arriver aux premières maisons (une petite sente longe alors la rivière).

4. Rejoindre une route 800 m plus loin au hameau Les Michallets. Prendre à gauche et traverser la ferme.

Juste après la ferme, à la pancarte « Clos Perrier », on peut remonter quelques mètres en direction du « Col de Porte » pour rejoindre en sous-bois la rivière, où de jolis coins vous attendent.

5. Au Clos Perrier, poursuivre par la route qui remonte en direction de Saint-Hugues-de-Chartreuse en traversant le cours d'eau.

6. Plus haut, on arrive à l'intersection « Cherlieu-Calvaire » ; garder la gauche en direction de Saint-Hugues. Suivre cette même direction au « Buissonnet » (sur la gauche) et au « Vivier » (sur la droite), en remontant légèrement sur la droite.

Village de Saint-Hugues

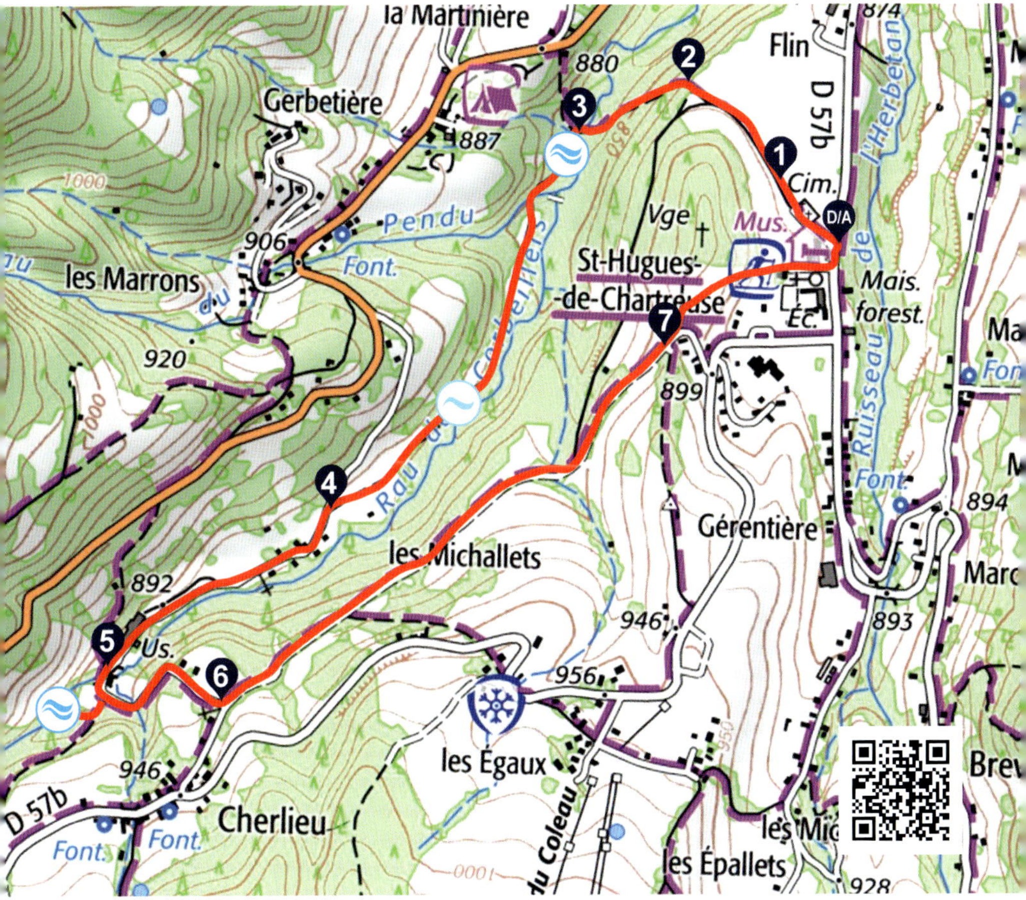

7. On arrive à une petite crête, d'où l'on aperçoit une statue de la vierge sur la gauche à la lisière de la forêt.

Descendre alors à droite à travers champ (hors saison des foins ; sinon prendre par le chemin puis la route) jusqu'au foyer de ski de fond pour retrouver le parking.

À la recherche de fraîcheur...

Cette balade, simple et agréable, permet de longer quelque temps le ruisseau des Corbeillers, auprès duquel on peut faire une halte.

Le reste de l'itinéraire alterne entre forêt et prairie, mais l'altitude permet de limiter la chaleur en été.

Arcabas à Saint-Hugues

Jean-Marie Pirot, connu sous le nom d'**Arcabas**, né en 1926 et mort en 2018 à Saint-Pierre-de-Chartreuse, est un peintre et sculpteur français reconnu en France et à l'étranger pour son importante production dans le domaine de l'art sacré contemporain.

Formé à l'École nationale supérieure des beaux-arts de Paris, il a sillonné le Dauphiné et la Savoie à la recherche d'une église à décorer.

En 1952, une église de montagne lui est confiée; Arcabas rencontre la modeste église de Saint-Hugues et son curé, Raymond Truffot. L'église est en réfection de toiture et de sol. Le maire, faisant confiance à son curé, accepte une intervention artistique à l'intérieur de l'église gracieusement offerte par ce peintre inconnu. C'est le début d'une aventure qui a duré trente-quatre ans.

L'église de Saint-Hugues devient Musée départemental d'art sacré en 1984, et est rebaptisée depuis la disparition du peintre « Musée Arcabas en Chartreuse ».

Le travail d'Arcabas s'est beaucoup inspiré des paraboles et récits de la Bible, généralement sous forme de fresques, de cycles de tableaux et de polyptyques.

Arcabas est inhumé à Saint-Hugues de Chartreuse où il repose avec son épouse.

31 Retour à la source du Guiers Mort

– Chartreuse –

Accès

Parking de Perquelin dans la commune de Saint-Pierre-en-Chartreuse.

Difficulté

Moyenne.
La montée est parfois soutenue – attention aux abords de la source.

FICHE TECHNIQUE

Perquelin	3,5 km
2 h	3333OT
370 m	1 369 m

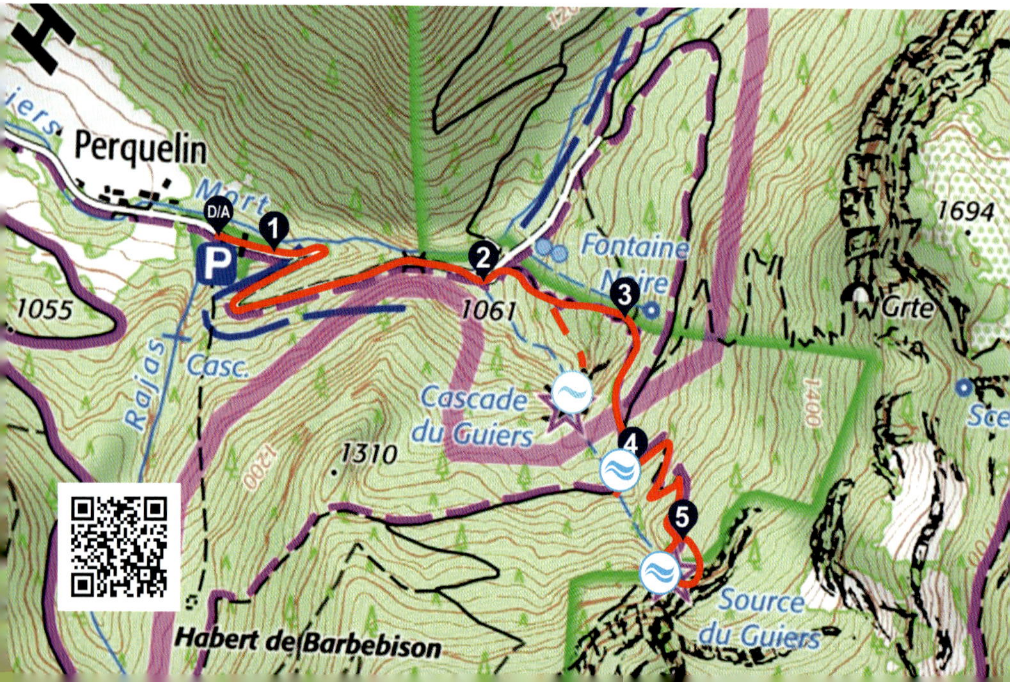

À la recherche de fraîcheur...

Chaque cascade est synonyme de moment privilégié à proximité !

Toutefois, la préférence ira tout naturellement au pied de la source et à la cascade intermédiaire qui offrent toutes deux l'occasion de se poser et de profiter pleinement des lieux.

La source du Guiers Mort

Cascade du Guiers

Introduction

Retour aux sources... ou plutôt, à la source. Le Guiers, Mort ou Vif, offre en Chartreuse d'innombrables occasions de profiter de la fraîcheur de l'eau. Dans ce cas, le plaisir est à partager avec d'autres découvertes : des cascades impressionnantes, une résurgence dans laquelle on peut pénétrer, laissant libre cours à l'imagination quant aux origines de l'eau qui sourd de la roche...

Cette randonnée du bout du monde revient aux origines, dans une ambiance de montagne, tout en restant la plupart du temps en forêt.

Si le sentier est bien tracé, il conviendra de rester prudent dans les passages en lacets et à l'arrivée à la source pour éviter le faux pas.

Itinéraire

1. Prendre la route forestière qui part du parking en direction de la « Source du Guiers » (pancarte).

2. Deux épingles à cheveux et 800 m plus loin, on franchit un pont en béton. Prendre alors à droite le sentier qui monte nettement en forêt vers la source du Guiers.

Quelques mètres plus haut, au niveau d'un cairn, une sente peu commode partant à droite permet d'admirer un peu plus loin la très belle cascade du Guiers, de près de 100 m de hauteur.

3. Arriver à la fontaine noire après 100 m de dénivelé (captage et jolie cascade), continuer sur le chemin qui part un peu à gauche, bien tracé mais aérien.

4. On rejoint bientôt un sentier plus plat qui permet d'admirer une nouvelle cascade.

5. Continuer à monter sur le chemin en direction de la source du Guiers jusqu'à atteindre le pied de la cascade en sortie de la grotte.

Pour les plus expérimentés, il est possible de traverser les caillebotis (si le niveau d'eau le permet) et de remonter en rive gauche pour atteindre l'entrée de la grotte. On peut alors quelque peu pénétrer dans la grotte avec une frontale. On peut ensuite redescendre par la rive droite, un câble aide à franchir un petit pas d'escalade, glissant et réservé aux plus aguerris.

Le retour s'effectue par le même sentier.

Le Guiers Mort

Sapin ou épicéa ?

Les conifères sont très présents dans les massifs préalpins, et notamment les sapins et les épicéas.

Mais comment les reconnaître ?

Voici trois critères qui vous permettront de ne plus vous tromper !

	Sapin	Épicéa
Aiguilles	• Plates • Ne piquent pas • Disposées en peigne • Deux bandes blanches dessous 	• Quadrangulaires piquantes • Disposées en brosse • Entièrement vertes 
Cônes	Montent vers le ciel 	Pendent vers le sol 
Écorce	Grise	Rouge

32 Le domaine des Dioux

– Chartreuse –

Accès

Départ depuis l'office de tourisme de Saint-Hilaire-du-Touvet.

Difficulté

Facile.

FICHE TECHNIQUE

Saint-Hilaire-du-Touvet	4,7 km
2 h 30	3334OT
200 m	969 m

Introduction

Le plateau des Petites Roches offre un cadre sans pareil en Chartreuse. Ce plateau, alternant forêts et prairies où se lovent des chalets d'alpage, propose des activités prisées par de nombreux sportifs : randonneurs bien sûr, mais aussi coureurs, cyclistes, parapentistes…

C'est d'ailleurs sur la commune de Saint-Hilaire-du-Touvet que se déroule chaque année en septembre la coupe Icare, manifestation mondiale de vol libre.

L'itinéraire proposé alterne entre prairies et forêt, livrant ainsi de superbes panoramas sur Belledonne et le Mont-Blanc à l'est, mais aussi les contreforts de la Chartreuse à l'ouest.

Les parties en forêt seront l'occasion de découvrir une flore riche, même en été : prénanthe, mélampyre, campanules, grande astrance, etc.

Cascade des Dioux

Au niveau de l'ancien moulin et de la cascade, on pourra prendre le temps de se prélasser au bord de l'eau, en profitant des quelques degrés de fraîcheur par rapport à la vallée…

Itinéraire

1. Depuis l'office du tourisme de Saint-Hilaire-du-Touvet, prendre la direction « Moulin de Porte-Traîne/Cascade les Dioux ». Poursuivre jusqu'à la bifurcation au niveau d'une chapelle.

2. Après avoir passé l'aire de décollage de parapente, à la pancarte « La Chapelle », prendre à droite en direction du « Moulin de Porte-Traîne » (on reviendra par la gauche). Suivre le chemin dans les prairies puis en forêt en restant prudent en bord de falaise.

3. À la pancarte « Le Diou », suivre la cascade des Dioux.

4. On rejoint après une descente l'ancien moulin de Porte-Traîne où l'on trouve de vieilles meules en pierre.

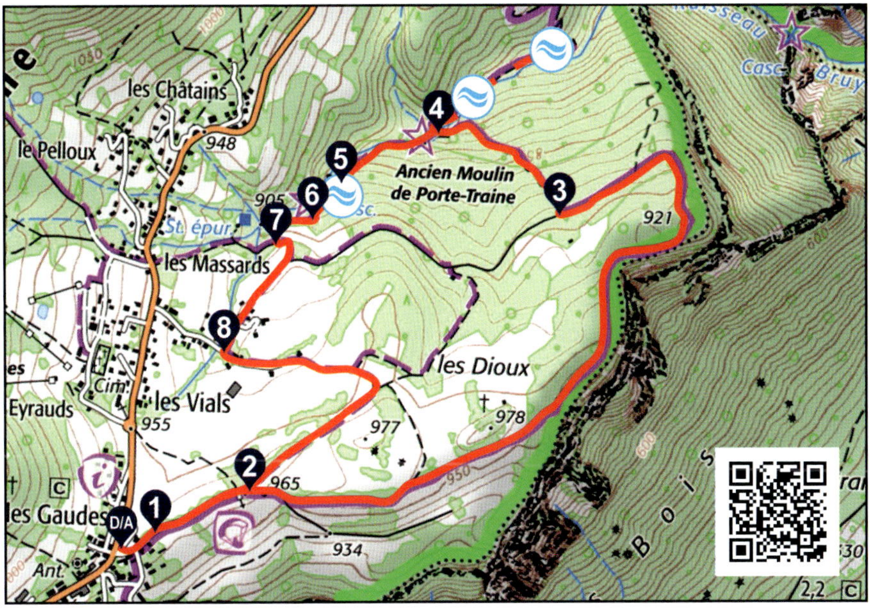

La Dent de Crolles

On peut franchir les passerelles en bois et descendre en rive gauche du ruisseau par un sentier peu commode mais qui permet de se rapprocher de l'eau (aller-retour).

5. À la passerelle, prendre la direction de la cascade des Dioux, par un sentier qui monte. Descendre à droite quelques minutes plus tard à la cascade des Dioux (aller-retour).

6. Continuer le sentier qui monte en direction des Gaudes, rejoindre bientôt une piste.

7. La prendre à gauche puis continuer tout droit à la bifurcation située 50 m plus loin sur le chemin des Dioux.

8. À la pancarte « Hameau des Vials », prendre la piste à gauche en direction des Gaudes. Garder la piste principale qui tourne sur la droite 300 m plus loin et rejoint bientôt la chapelle.

Revenir par le chemin du départ jusqu'au parking.

À la recherche de fraîcheur…

La rivière descendant la cascade et passant par le moulin de Porte-Traîne est indéniablement le lieu le plus frais de la balade.

Pourtant, le cheminement en forêt permet aussi de supporter d'éventuelles chaleurs.

Et les passages au soleil offrent de telles vues que l'on en oublierait presque qu'il peut faire chaud !

Mélampyre des bois, une plante originale

Le mélampyre des bois est une plante annuelle « hémiparasite ».

En effet, elle est « à moitié » parasite : son feuillage lui permet de produire de la matière organique par photosynthèse, mais cette plante absorbe aussi les substances nutritives des racines des plantes voisines.

Le mélampyre des bois est facile à identifier, avec ses fleurs jaunes et ses feuilles supérieures… violettes !

En tant qu'hémiparasite, le mélampyre peut se permettre cette fantaisie !

33 Au droit de l'Enversin

– Chartreuse –

FICHE TECHNIQUE

Saint-Vincent de Mercuze	2,5 km
1 h 30	3334OT
250 m	637 m

Accès

Quelques places de parking au bout de la route.

Difficulté

Facile.

Introduction

Incontestablement, les contreforts est de la Chartreuse proposent un chapelet de cours d'eau venant franchir les barres rocheuses séparant le plateau des Petites Roches de la partie inférieure, non loin de l'Isère.

De nombreuses cascades, certaines fameuses, d'autres méconnues, font le plaisir des randonneurs locaux : le Glésy, la Gorge et le Cernon, qui viennent côtoyer l'Alloix, les Dioux... Bien sûr, tous les cours d'eau ne sont pas pérennes, et il arrive bien souvent que certains lits se retrouvent à sec en fin d'été, transformant les chutes majestueuses en de simples filets d'eau.

Sur le chemin, on pourra même admirer de magnifiques cyclamens d'Europe. De manière générale, ce cyclamen est une plante rare qu'il convient de protéger et ne pas arracher.

Le plaisir de cheminer en forêt et de retrouver la beauté des lieux en toute saison reste intact. D'ailleurs, cette balade est idéale pour une sortie familiale, et pourrait bien durer bien plus longtemps que prévu, tant le cadre s'y prête !

Itinéraire

Depuis le parking en forêt, suivre le sentier (panneau « Toute circulation est interdite sauf autorisation »). Après 200 m, rejoindre la passerelle de Bresson (panneau).

On pourra aller jusqu’à la passerelle, et même la franchir pour remonter un peu en rive droite afin de trouver quelques vasques accessibles.

1. Tourner à droite en direction de la cascade de l’Enversin.

2. À l’intersection « chemin de Bresson », poursuivre à gauche, toujours en direction de la cascade.

3. Peu après, on traverse le ruisseau de l’Enversin pour remonter en rive gauche. Au panneau « piste de Bresson », poursuivre à droite (« cascade de l’Enversin »).

4. On retraverse bientôt le ruisseau, en laissant le sentier montant en rive droite par lequel on redescendra.

5. Rejoindre la cascade. Le retour peut s’effectuer par une petite boucle au niveau de la cascade, qui rejoint le point (**4**).

La suite est identique à l’aller, ou bien emprunter la sente (chemin VTT) qui descend plus directement jusqu’au parking.

À la recherche de fraîcheur...

Chaque traversée est bien évidemment une occasion de se rapprocher du ruisseau !

La partie finale offre continûment la possibilité de se reposer près de l'eau, plus encore au pied de la cascade, où une vasque est présente hors période de sécheresse.

Cyclamen d'Europe

L'Enversin

La galle des plantes

La galle (nom scientifique : « cécidie ») est une excroissance produite sur les tiges, les feuilles, les racines ou les fruits de certains végétaux. Elle se développe généralement autour de parasites (animal, champignon ou bactérie, ou encore végétal).

Les excroissances sont principalement dues à la piqûre d'insectes qui y pondent des œufs.

La galle peut prendre toutes sortes de formes différentes : boules, cornes, barbe...

Il ne faut bien entendu pas la confondre avec la gale, maladie infectieuse de la peau causée par un parasite de type acarien.

Cascade de l'Enversin © Aurélie André

34 Derrière la cascade de l'Alloix

– Chartreuse –

Accès

Parking de la salle des fêtes de Montalieu (Saint-Vincent-de-Mercuze).

Difficulté

Facile.
Le parcours peut être glissant même par temps sec. Quelques passages sont un peu délicats pour les plus inexpérimentés.

FICHE TECHNIQUE

Montalieu	3,5 km
2 h	3333OT
350 m	683 m

Introduction

Les contreforts de la Chartreuse, au-dessus de la vallée du Grésivaudan, recèlent des merveilles plus ou moins faciles d'accès. Les sentiers de randonnée les plus connus empruntent des itinéraires improbables pour accéder aux crêtes, des accès confidentiels entre les barres rocheuses ; d'ailleurs, de nombreuses arches mystérieuses auront fait rêver les plus audacieux. Non loin, les cascades et les ferratas « relevées » attirent toujours les plus sportifs, et le plateau des Petites Roches s'affirme comme un haut lieu du vol libre.

Parmi toutes les possibilités, hélas pas toutes aisément abordables, restent quelques trésors à la portée de tous ; la cascade de l'Alloix en fait partie. Cette randonnée offre la possibilité de découvrir un joli cours d'eau en s'enfonçant dans la montagne, au point que l'on se demande comment on pourra s'en extirper… La solution est surprenante, et vaut le détour !

Outre la fraîcheur du cadre, on pourra profiter au cours de l a balade des vues sur Belledonne et sur la vallée, et peut-être croiser quelques adeptes de via ferrata.

L'un des franchissements de l'Alloix

Si la randonnée est familiale, certains passages sont un peu exposés (présence de câbles pour faciliter le passage) et nécessitent de surveiller les moins expérimentés. Par ailleurs, cet itinéraire est à éviter par temps humide, le sentier étant terreux par moments, et parfois même glissant par temps sec.

Il est à noter que, si la présence d'eau est presque garantie sur la partie aval, les parties plus en amont, et notamment la grande cascade, peuvent se retrouver à sec ; mais cela ne gâche en rien le paysage, somptueux !

Itinéraire

1. Longer vers le nord la route en direction de Montalieu jusqu'au rond-point. Prendre la route qui monte à gauche, puis 50 m plus loin, tourner à droite au niveau d'une croix sur la rue de la Croix Blanche.

2. 400 m plus loin, tourner à gauche sur le chemin de l'ancienne voie du Tramway (pancarte jaune) en direction de la cascade de la Gouille Michel. Prendre alors à droite le chemin qui remonte le cours d'eau.

3. Cheminer alternativement en rive gauche et en rive droite au gré des passerelles, toujours à proximité de la rivière, pour atteindre l'ancienne place charbonnière puis la cascade de la Gouille Michel.

La grande cascade © A. André

4. Continuer à monter à proximité du cours d'eau ; le sentier est plus pentu, terreux et parfois glissant en cas de pluie.

5. On arrive finalement à la grande cascade derrière laquelle on passe, au moyen d'une vire, sans difficulté. Rejoindre ensuite un sentier plus conventionnel qui passe le long des falaises et par le départ d'une via ferrata.

6. Au bout de quelques centaines de mètres, à une intersection indiquée « Voie romaine », tourner à droite pour redescendre par une ancienne voie romaine vers le hameau de Montalieu (indication « Retour Saint-Vincent-de-Mercuze »).

7. Après 900 m, traverser la rue de la Gorge et obliquer à droite, 100 m plus loin, puis redescendre par l'impasse des Cassardes.

8. Traverser Montalieu et garder sa droite pour prendre un sentier qui rejoint la rue de la Croix Blanche. Celle-ci ramène au parking de la salle des fêtes.

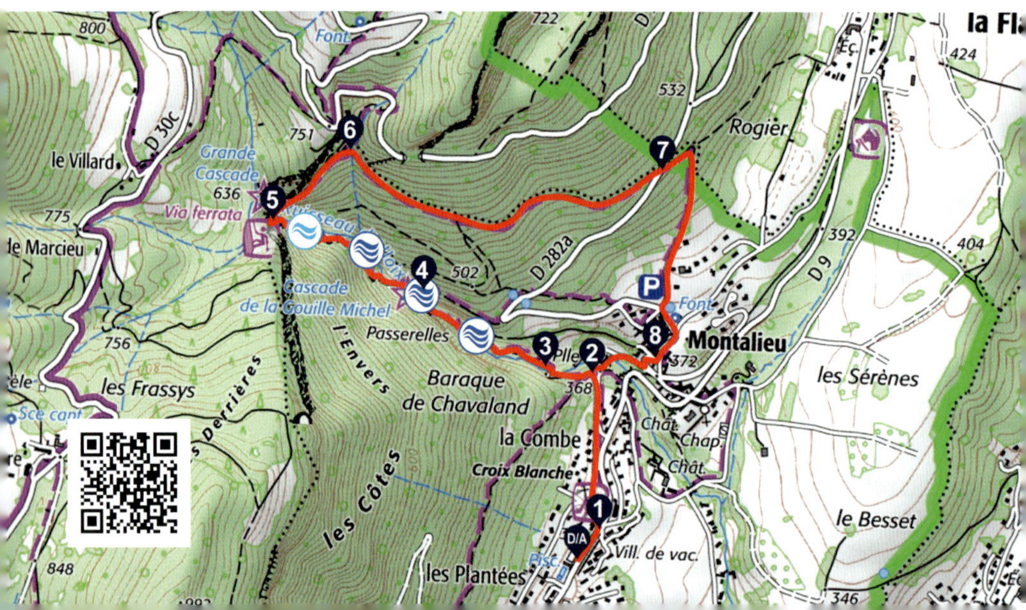

Les pertes karstiques

En période de sécheresse, il n'est pas rare de voir des rivières à sec, alors que de l'eau est visible plus en amont (comme l'Alloix, la Roize, le Cozon... et de nombreuses rivières du Vercors et de Chartreuse); cela correspond parfois à des **pertes karstiques**.

Un massif **karstique** est un massif calcaire dans lequel l'eau a creusé de nombreuses cavités. C'est le cas des trois massifs présentés dans ce livre.

Le terme « **karst** » est originaire de la région éponyme du plateau du Karst, situé entre l'Italie, la Slovénie et la Croatie, dont la géomorphologie est très représentative de la « typologie karstique ».

Une « **perte** » correspond à la disparition d'un cours d'eau, totale ou partielle, par infiltration ou dans un gouffre. Une partie ou la totalité du cours d'eau devient alors souterraine et peut réapparaître à l'air libre par des résurgences.

À la recherche de fraîcheur...

La configuration encaissée du vallon garantit une température clémente presque toute l'année aux abords du ruisseau d'Alloix.

Chaque passerelle et chaque pont de bois sont d'ailleurs l'occasion de contempler qui une cascade, qui une vasque (« gouille »), qui de l'eau courante entre les blocs.

Les moments phares sont probablement la cascade de la Gouille Michel et la grande cascade finale qui, quand elles ne sont pas à sec, proposent une halte bien agréable. Une mention spéciale à la seconde qui cache soigneusement le chemin qui la franchit !

Cascade de la Gouille Michel

35 La cascade du Furet

– Chartreuse –

Accès

Parking de l'église de Barraux.

Difficulté

Moyenne.
Quelques passages un peu soutenus.

FICHE TECHNIQUE

Barraux	3,8 km
2 h 30	3333OT
420 m	748 m

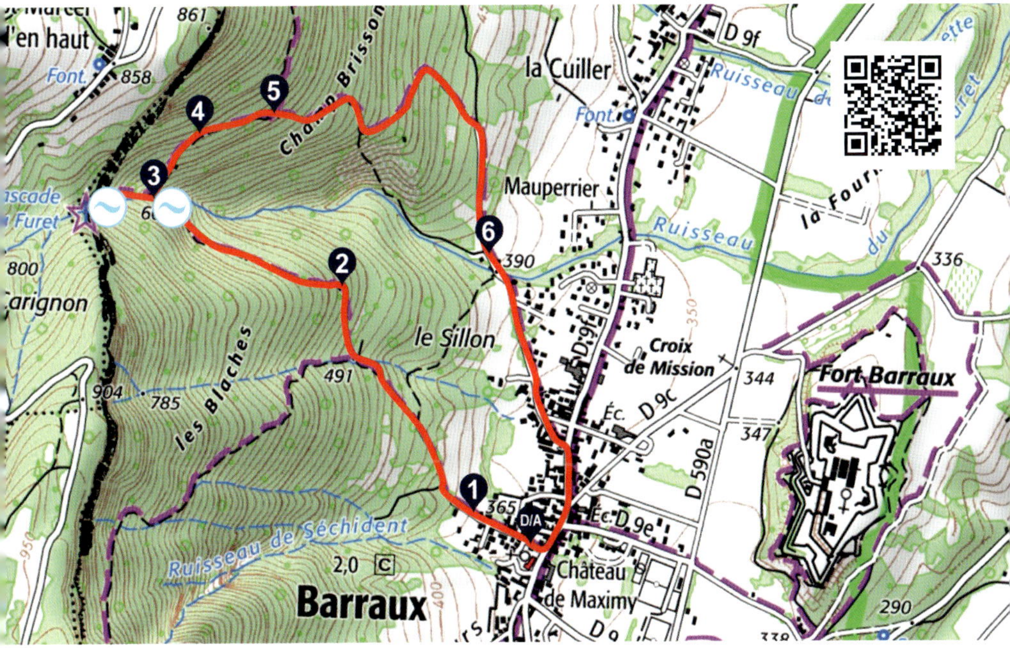

Introduction

Les contreforts de la Chartreuse, en rive droite de l'Isère, bénéficient de jolis cours d'eau dont certains font l'objet d'itinéraires dans cet ouvrage. La cascade du Furet est probablement moins connue que ses grandes sœurs (le débit parfois réduit à un filet d'eau y est peut-être pour quelque chose), pourtant le cadre est magnifique, depuis le village de Barraux, le point de départ, jusqu'à la cascade.

D'ailleurs, on ne peut que recommander de faire un détour par le fort Barraux, qui constitue l'un des plus anciens forts bastionnés des Alpes encore en l'état.

On peut noter qu'en période de sécheresse, le ruisseau du Furet s'assèche et la cascade n'est plus en eau. Qu'à cela ne tienne, le lieu est splendide et la fraîcheur au rendez-vous !

Itinéraire

1. Remonter la rue du Carré et poursuivre par le chemin qui la prolonge. Suivre les indications « La cascade » en délaissant les chemins qui partent à droite et à gauche successivement.

Cascade du Furet en période sèche

2. Après une dernière montée raide, le sentier étroit mais bien tracé chemine à flanc de montagne.

3. Une fois arrivé au ruisseau du Furet, remonter les dernières pentes raides pour accéder à la cascade 200 m plus haut. Redescendre par le même chemin jusqu'au panneau « Sous la cascade » (aller-retour).

4. Continuer sur l'autre versant par un sentier qui monte d'abord puis redescend un peu vers Champ Brisson.

5. Prendre à droite en direction des « Hauts de la Cuiller » par un sentier qui se transforme en petite route.

6. Descendre la rue de Champ Brisson puis tourner à droite sur la rue de la Croix.

Prendre une dernière fois à droite dans la Grande Rue pour retrouver le parking de l'église.

À la recherche de fraîcheur...

La montée jusqu'à la cascade reste en sous-bois, garantissant une température agréable.

Mais c'est bien au pied de la cascade que l'on profite le mieux des lieux, même s'il y a des chances pour que la cascade elle-même soit à sec !

Le fort Barraux

Bâti en 1597 pour défendre l'entrée de la vallée du Grésivaudan contre les Savoyards, le fort Barraux subit plusieurs modifications au cours du XVIIe siècle avant d'être profondément remanié par Vauban de 1692 à 1698.

Le fort a joué le rôle de prison, notamment pendant la Révolution française et pendant les deux guerres mondiales, devenant un des principaux centres de séjour surveillé du régime de Vichy entre 1940 et 1943.

À la Libération, le fort Barraux est à nouveau dévolu à l'internement, principalement des travailleurs volontaires de retour d'Allemagne et des suspects de collaboration.

Désaffecté en 1985, le fort Barraux est inscrit comme monument historique en 1988 après son rachat par la commune de Barraux.

Aujourd'hui, le fort sert pour diverses occasions privées, tels que des mariages ou galas, et des événements publics, tels que des concerts. Des visites guidées sont organisées régulièrement de mai à septembre.

À ne pas rater: l'enceinte, le fossé, le pavillon et la chapelle.

36 Entre voie sarde et pont romain

– Chartreuse –

Accès

Se garer près du lavoir.

Difficulté

Facile pour le pont romain et la voie sarde. Moyenne pour la boucle (montée un peu raide et quelques passages aériens). Difficile pour la grotte (sentier aérien – à réserver aux personnes expérimentées).

FICHE TECHNIQUE

Pont-Saint-Martin	500 m à 3,1 km
10 min à 1 h 30	3333OT
10 m à 220 m	595 m

Introduction

Le site de Saint-Christophe-sur-Guiers est une parenthèse hors du temps dans le massif de la Chartreuse. Niché à la frontière de l'Isère et de la Savoie, riche d'une histoire liée à sa situation, le village propose des curiosités qui méritent le détour : pont romain, voie sarde, grottes visitables, site préhistorique…

Ces lieux sont le témoignage d'une histoire ancienne qui remonte à quelque 10 000 ans, époque où vivaient les Magdaléniens puis les Aziliens, comme le prouve l'abri préhistorique de la Fru, visible sur le plateau. Dès le XIIe siècle, la voie sarde fut construite sur les ordres du duc de Savoie, Charles Emmanuel II, et constituait alors un passage stratégique. Très vite, cette voie aurait également servi à des contrebandiers tels que Mandrin, personnage local haut en couleur.

Plusieurs itinéraires vous sont proposés en fonction de votre niveau et des curiosités que vous souhaitez découvrir.

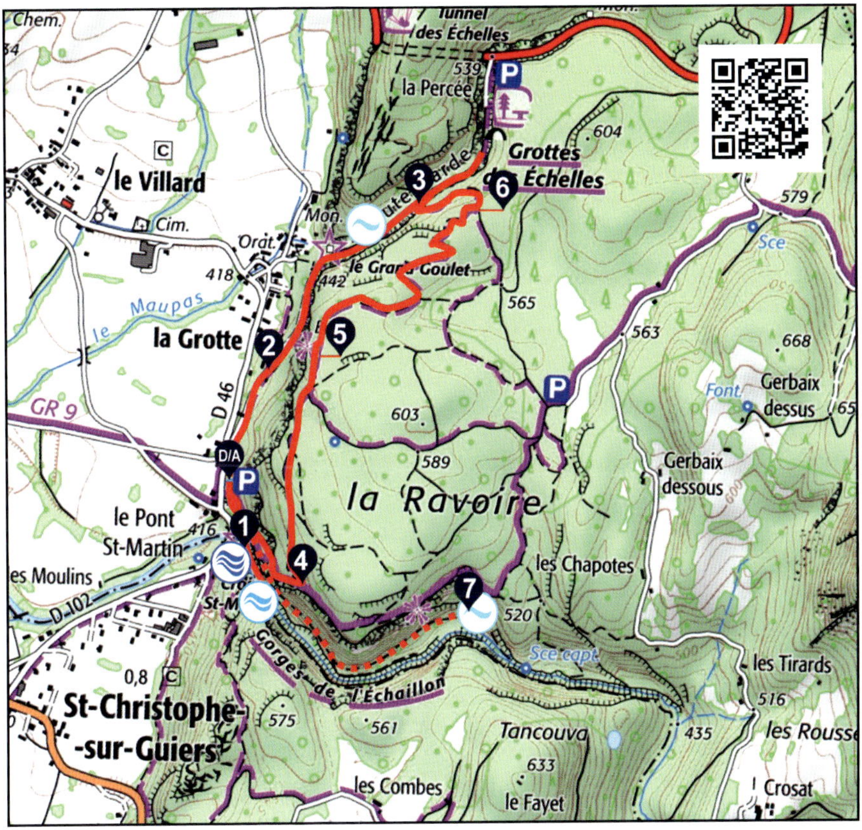

Afin de profiter de l'entièreté des lieux, il est tout à fait possible de réaliser une boucle ; en revanche, la partie « supérieure » est très exposée au soleil, attention donc à la chaleur ! Pour les plus expérimentés, la grotte Perret fait l'objet d'un bel objectif ; le porche de l'entrée de la grotte est suffisamment impressionnant pour récompenser les efforts. Des sorties spéléologie sont organisées dans la grotte par des professionnels pour les débutants, offrant ainsi une vision ludique de l'intérieur.

Itinéraire pont romain (aller-retour)

1. Suivre la route vers le sud jusqu'au pont romain. Revenir par le même chemin.

On peut emprunter un sentier qui s'enfonce dans le canyon et offre de superbes vues sur le Guiers (aller-retour – 10 minutes).

Itinéraire voie sarde (aller-retour)

2. Pour rejoindre la voie sarde, emprunter la route dans l'autre direction, vers le nord. À l'intersection, située 100 m plus loin, prendre à droite la petite route qui devient bientôt une piste.

3. Remonter le chemin évident pour gagner la voie sarde. Ne pas hésiter à la remonter jusqu'aux grottes de Saint-Christophe, qui valent la visite (accueil et billetterie au bout de la route) ! Le retour s'effectue par le même chemin.

Itinéraire voie sarde (boucle)

4. À côté du lavoir, un sentier balisé (GR®9 blanc et rouge) monte progressivement sur la gauche, tout d'abord en forêt, puis dans les falaises. Sans être difficile, le sentier est un peu escarpé et aérien, avec parfois des marches taillées dans la roche. Déboucher sur le plateau et garder sa gauche aux intersections proposées, en particulier à la pancarte « l'Échaillon », en direction du « Belvédère de Gerbaix ».

5. Rejoindre le belvédère de Gerbaix, qui offre un point de vue très agréable sur le plateau des Échelles.

6. Continuer sur le chemin et atteindre, près d'1 km plus loin, une volée d'escaliers à flanc de falaise qui permet de descendre afin de retrouver la voie sarde.

Le retour s'effectue paisiblement par la voie sarde qui descend et vous ramène sur une petite route que l'on poursuit en gardant sa gauche jusqu'au parking.

La voie sarde

Sous le pont romain

Itinéraire grotte Perret (aller-retour – itinéraire engagé : prudence !)

7. Une très jolie grotte est accessible pour les plus expérimentés, le sentier étant aérien (prudence avec les plus jeunes !).

Prendre le sentier à côté du lavoir et monter dans la forêt, comme pour la boucle proposée précédemment. Au premier virage du sentier à gauche, continuer tout droit par une petite sente à flanc de montagne, au-dessus du cours d'eau.

Poursuivre sur ce chemin jusqu'à arriver à la grotte. Le retour s'effectue par le même itinéraire.

Les gorges du Guiers

À la recherche de fraîcheur…

Entre le parking et le pont, on peut descendre au bord de l'eau en empruntant l'impasse sur la droite juste après la rue du Plan puis en descendant tout de suite à gauche par le petit chemin.

On dispose alors d'une vue superbe sur le Guiers.

Les plus courageux et les moins frileux pourront même y faire quelques brasses !

Le bruit de l'eau

Il existe un grand nombre de mots dans la langue française pour désigner les différents types de cours d'eau. En voici quelques-uns :

Rigole : peut désigner un filet d'eau s'écoulant en surface.

Ru, ruisselet : désigne un tout petit ruisseau, c'est-à-dire un cours d'eau de faible largeur.

Ruisseau : petit cours d'eau, ni très large ni très long, souvent affluent d'une rivière. C'est la taille plus que le débit qui fait la différence entre un ruisseau et une rivière.

Torrent, nant, doron : cours d'eau au débit rapide situé sur une pente assez forte, généralement en montagne.

Rivière : ce terme désigne un cours d'eau moyennement important, à l'écoulement continu ou intermittent (qui ne coule pas toute l'année). La rivière reçoit de l'eau d'autres cours d'eau (les affluents), et se jette dans un cours d'eau de plus grande importance.

Fleuve : cours d'eau important, long et au débit élevé, comptant fréquemment des affluents et se jetant dans la mer. Les fleuves côtiers sont de petits cours d'eau se jetant directement dans la mer.

37 Dans le cirque de Saint-Même

– Chartreuse –

Accès

Se garer au bout de la route de Saint-Même d'en Haut (parking payant en période estivale).

Difficulté

Facile.

FICHE TECHNIQUE

Saint-Pierre-d'Entremont	2,7 km
1 h 30	3333OT
200 m	1 052 m

Introduction

Il est impossible de parler de balades « fraîcheur » sans évoquer le cirque de Saint-Même ! Ce cirque, qui fait partie de la réserve naturelle nationale des Hauts de Chartreuse, est dominé par des falaises calcaires de 500 m de haut ; là, les eaux du Guiers Vif sourdent de réseaux souterrains dont plus de 15 km ont été explorés par les spéléologues. Frontière historique entre le Dauphiné et le royaume de Savoie, le cours d'eau est actuellement la limite entre les deux départements de l'Isère et de la Savoie.

Ce petit coin de paradis répond à maintes attentes : prairies pour jouer et pique-niquer à côté du Guiers qui coule joyeusement, balade accessible offrant des vues imprenables sur des cascades impressionnantes et les sources du Guiers.

Seul bémol à ce tableau idyllique : le parking est payant en été, et pour cause, les gens ont bien compris que le lieu vaut le détour !

Un site à privilégier en avant ou arrière-saison, aux beaux jours…

La grande cascade

Itinéraire

1. Passer la barrière et tourner assez rapidement sur la droite, juste avant l'auberge (le pont en face de l'auberge mène au même endroit), par un sentier qui franchit la rivière par le pont de Drugey. Monter progressivement en prenant à droite quelques mètres plus loin, dans la prairie.

2. À la pancarte « chemin de France », conserver sa gauche en direction de la grande cascade et poursuivre par le chemin évident qui monte vers les cascades du Guiers Vif.

3. En arrivant à la pancarte « Sentier des cascades – 940 m », on pourra faire un détour (aller-retour) vers la cascade isolée, indiquée sur la gauche.

4. Le sentier continue ensuite jusqu'à un pont en bois d'où l'on peut admirer la « grande cascade ». Les plus aguerris pourront s'en rapprocher ou tenter d'accéder aux sources du Guiers (prudence, chemin aérien et glissant).

5. Après une dernière courte montée, à la pancarte « Sentier des cascades – 1 035 m », le sentier descend, délaissant au passage le sentier partant vers la droite vers le « pas de la Mort ». La première partie est peu commode, dans des cailloux.

On emprunte ensuite des lacets bien tracés dans la forêt qui permettent de descendre rapidement (attention à ne pas couper les lacets pour limiter notre impact sur la nature).

6. On retrouve alors des pentes plus débonnaires et un large sentier qui mène au point de départ par la rive droite du Guiers.

En bas de la descente, on pourra aussi prendre à gauche le chemin vers le « fond du cirque » qui amène à une nouvelle cascade par un pont en bois, avant de redescendre le Guiers en rive gauche jusqu'au point de départ.

À noter qu'il est possible de réaliser une boucle très courte pour rester au bord de l'eau sans montée… et sans cascade (pointillés).

Cascade sur le Guiers

À la recherche de fraîcheur…

Dès les premiers mètres, l'appel de la rivière est audible !

En effet, toute la partie « basse » de la promenade, au départ et sur le retour, est un havre de fraîcheur où il fait bon se prélasser et laisser les plus jeunes jouer près de l'eau…

Les cascades sont elles aussi des lieux de prédilection pour jouir du cadre magnifique !

Les bords du Guiers

Sabot-de-Vénus

Si la flore sait se faire discrète, on ne peut manquer d'évoquer l'une d'elles, présente dans le cirque de Saint-Même...

Le sabot-de-Vénus (*Cypripedium calceolus*) est l'une des nombreuses orchidées présentes dans nos massifs calcaires, peut-être la plus belle...

Son nom viendrait d'une légende de la mythologie romaine. Un jour, la déesse Vénus, surprise par un berger, s'enfuit en toute hâte pour lui échapper, abandonnant dans sa fuite un de ses sabots d'or. Le berger voulut le ramasser, mais le sabot se transforma à son contact en une fleur ayant la forme d'un sabot.

Devenue très rare et protégée en France, cette orchidée fleurit de mai à juillet. Il est formellement interdit de la cueillir !

Le sabot-de-Vénus est un « piège à insectes ». Pour les attirer, la fleur sécrète un nectar spécial dans le sabot. En ressortant, l'insecte se « charge » de pollen et dissémine celui-ci dans d'autres fleurs.

38 Les vasques du Cozon

– Chartreuse –

Accès

Se garer au musée de l'ours.

Difficulté

Facile – pour la boucle, quelques passages plus raides et glissants dans la descente des Teppaz.

FICHE TECHNIQUE

Entremont-le-Vieux	4 km à 7,4 km
1 h à 3 h	3333OT
70 m à 300 m	922 m

Introduction

Voici une petite merveille jalousement gardée secrète en plein cœur de la Chartreuse… C'est d'ailleurs peut-être sa localisation, un peu loin de tout et de tous, qui l'aura préservée de l'affluence dont elle pourrait être victime ! Le Cozon est un cours d'eau qui ne paie pas de mine ; et pourtant, le sentier permettant de le longer promet des vues magnifiques et des moments de baignade inoubliables : de la trempette de vasque en vasque aux sauts de plusieurs mètres, il y en a pour tous les goûts ! Il est possible de se contenter d'un aller-retour le long du Cozon si l'on ne veut pas faire la boucle entière (et si on y a déjà passé la journée !).

Attention : en cas de sécheresse, le débit diminue nettement, laissant certaines parties à sec.

Itinéraire

1. Au parking, prendre la piste qui part plein sud dans les champs.

2. Au bout de 200 m, emprunter un pont sur la gauche, longer le ruisseau quelques mètres en rive droite, le traverser puis reprendre le long du même ruisseau de l'autre côté, en rive gauche.

Épernay
les Pomels
les Bessons
l'Ourson
Cim.
C. de vac.
D/A
St. épur.
Pointière
Ruisseau de la Chaume
D 45
la Garon
les Perret
les Curialets
Font.
les Perbetemps
le Grand Pré
les Combes
Pays Tour de Chartreuse
Cozon
la Sévolière
les Gandys
le Platon
Ruisseau des
Ant.
le Boucherin
les Furets
le Chêne
les Courriers
le Pont du Lac
Ruines du Château de Montbel
les Teppaz
les Rigauds
Combe du Rocher
Sce capt.
Plan Champ
Chez Joubert
les Tardys
D 912
Cucheron
GR
1025
947
952
1054
1000
1019
944
802
830
837
935
1116
1125
1129
965
804
729
859
757
829
758
943
1033
881
683

Première cascade sur le Cozon

3. Suivre le sentier le long du Cozon, le traverser par le petit pont et continuer en rive droite jusqu'à quelques marches descendant près de vasques où il fait bon se délasser, tout près d'une cascade.

4. Poursuivre en traversant le chemin de Derbétemps, au niveau d'un pont routier.

5. Continuer le sentier en rive droite ; celui-ci mène bientôt par une courte descente à une passerelle qui permet de traverser le Cozon. Sur l'autre rive, quelques marches raides montent puis une descente escarpée permet de se retrouver au pied d'une belle cascade qui se jette dans une profonde marmite sculptée par l'érosion, où la fraîcheur est reposante. Poursuivre le sentier en rive gauche et atteindre la D912.

Là s'arrête la partie aquatique ; on peut tout à fait s'en contenter et faire demi-tour, ou alors réaliser la boucle décrite ci-dessous, offrant de beaux points de vue.

6. Descendre la route sur 150 m.

7. Prendre le sentier partant à gauche juste avant le pont routier. Ce sentier aérien monte jusqu'à atteindre une route au bout de 500 m. Emprunter celle-ci jusqu'au hameau des Teppaz.

8. Dans le centre, au niveau d'une croix, prendre le sentier qui descend à droite en direction du « Pont du Lac ».

9. Bien garder sa droite 500 m plus loin, au croisement de chemins.

10. Au « Pont du Lac », de retour sur la D912, tourner à droite et remonter la route sur 100 m. Prendre alors la route à gauche vers le hameau des Courriers. Rester sur le sentier « Grande Randonnée de Pays » (GRP - balisage jaune et rouge) pour monter dans la forêt. La montée est soutenue mais sans difficulté.

11. Au bout de 500 m, le chemin tend bientôt à être plus plat, voire descendant sur près de 2 km. On rejoint finalement le pont du chemin de Derbétemps (**4**), où l'on reprendra l'itinéraire aller jusqu'au parking.

À la recherche de fraîcheur...

Une fois au bord du Cozon, les possibilités sont innombrables : dans un premier temps, on peut profiter des roches affleurantes le long d'un cours d'eau peu profond, ou attendre de descendre les quelques marches pour profiter de vasques profondes.

*Entre (**3**) et (**5**), on pourra aussi s'amuser à descendre la rivière sur quelques mètres en gardant les pieds dans l'eau (attention, rochers glissants !) tout en s'assurant de pouvoir revenir en arrière ou rejoindre le sentier.*

Plus bas, la marmite sous la passerelle est un havre de paix, où l'on pourra choisir entre eau profonde (sous la passerelle) et cours d'eau débonnaire qui se prolonge pratiquement jusqu'à l'intersection du chemin avec la route.

Section encaissée du Cozon

Cozon et Couz

Le « Cozon », de même que « Couzon », viendrait de *Cosa*, nom d'une rivière torrentielle en occitan. « Couze » serait d'ailleurs le nom générique des cours d'eau torrentiels d'Auvergne. Mais attention aux confusions possibles : non loin de là se trouve le village de Saint-Thibaud-de-Couz... qui vient pour sa part d'une variante du mot « col » du latin *collum* !

39 Les cascades de la Doria

– Aux portes des Bauges –

Accès

Prendre la route de Lovettaz dans Saint-Jean-d'Arvey et la suivre 800 m environ jusqu'au parking du hameau de Lovettaz.

Difficulté

Moyenne mais balade longue (possibilité de faire les cascades de manière indépendante).

FICHE TECHNIQUE

Saint-Jean-d'Arvey	2 km à 7,3 km
1 h à 4 h	3332OT
100 m à 700 m	1 036 m

Introduction

Les cascades de la Doria (parfois écrit « Doriaz »), dans les contreforts du massif des Bauges, à deux pas de Chambéry, constituent une échappée mémorable !

Certes, cet itinéraire fait exception, n'étant ni dans le Vercors, ni en Chartreuse ; mais il en est si proche, et les cascades sont tellement belles... avec en prime de magnifiques vues sur le nord chartrousin !

Le parcours proposé est plus long que la plupart des autres itinéraires de cet ouvrage mais il serait dommage de passer à côté de cet enchaînement de cascades, qui offre au demeurant de belles vues sur la vallée de Chambéry, avec la Chartreuse en toile de fond. Aussi, si la boucle entière est plus ambitieuse que la plupart des autres itinéraires proposés, il est tout à fait possible de ne réaliser qu'une partie du parcours, en choisissant soit la cascade en amont, soit la cascade en aval.

Dans tous les cas, aux abords des cours d'eau, la fraîcheur est indéniable et propice à de longs moments de détente en pleine période caniculaire.

Par ailleurs, le cheminement en forêt sur la plupart du circuit rend l'itinéraire tout à fait agréable.

Enfin, l'arboretum qui vous attend en fin de parcours permet de découvrir quelques beaux spécimens d'arbres !

Cascade de la Doria

Itinéraire

1. Le départ s'effectue à gauche du parking. On arrive rapidement à un gros carrefour (route). Suivre le chemin indiqué « col de la Doriaz » (balisage rouge et jaune). Au bout de 10 minutes, laisser sur la droite le chemin du Marcassin qui mène à un belvédère.

2. Rejoindre pratiquement le torrent puis arriver à la zone d'éboulements des Choseaux ; le chemin monte alors plus franchement.

3. Suivre ensuite le torrent de plus ou moins loin pour arriver à la passerelle de Lovettaz qu'on laisse sur la gauche.

4. Poursuivre le sentier qui monte en rive gauche du torrent, entre des blocs, pour arriver à la passerelle de la Doria et aux cascades.

Vue sur la Chartreuse

Il est possible d'accéder au trou de la Doria : suivre un sentier raide en rive gauche de la Doria. On peut accéder grâce à des câbles (rester prudent) à la cascade issue de la résurgence. Redescendre par le même chemin jusqu'à la passerelle de la Doriaz. Il est aussi possible de passer sous la cascade de la résurgence puis de poursuivre jusqu'à « Carret » par un chemin avec des câbles.

5. Franchir la passerelle et remonter le versant opposé jusqu'au lieu-dit Carret. Descendre en direction de Lovettaz par un large chemin, offrant un beau point de vue au niveau d'un banc.

6. Au bout de 30 min, laisser le large sentier à droite pour prendre un chemin descendant plus franchement (balisage rouge et jaune) jusqu'à Lovettaz. Suivre la route principale jusqu'à une épingle à cheveux, que l'on quitte pour prendre le chemin des Sarrées, goudronné au début (balisage rouge et jaune).

7. Peu après avoir quitté Lovettaz, on arrive au lieu-dit Essert-Belly. Quitter le balisage rouge et jaune pour suivre un chemin en descente, direction Monterminod/ Saint-Jean-d'Arvey. On arrive à un carrefour au niveau d'une propriété grillagée. Prendre la direction « Saint-Alban-Leysse » puis, 50 m plus tard, bifurquer à gauche en direction de Saint-Jean-d'Arvey.

8. Le chemin descend pour retrouver la Doriaz au niveau d'une passerelle. La traverser puis prendre à gauche le long de la rive gauche de la Doria.

On accède à la cascade de la Doria du bas en continuant tout droit (itinéraire parfois fermé).

9. Au niveau du lieu-dit La Combe, prendre le chemin de droite qui mène à l'arboretum par une courte mais raide montée. En haut de la montée, prendre à droite. On notera des essences diverses : robinier, marronnier, tilleul, if… et surtout un magnifique thuya géant.

Au lieu-dit Allée d'Honneur, prendre la direction du verger conservatoire. On rejoint rapidement la route qu'on suit à droite sur 100 m pour retrouver le parking.

Cascades basses de la Doria

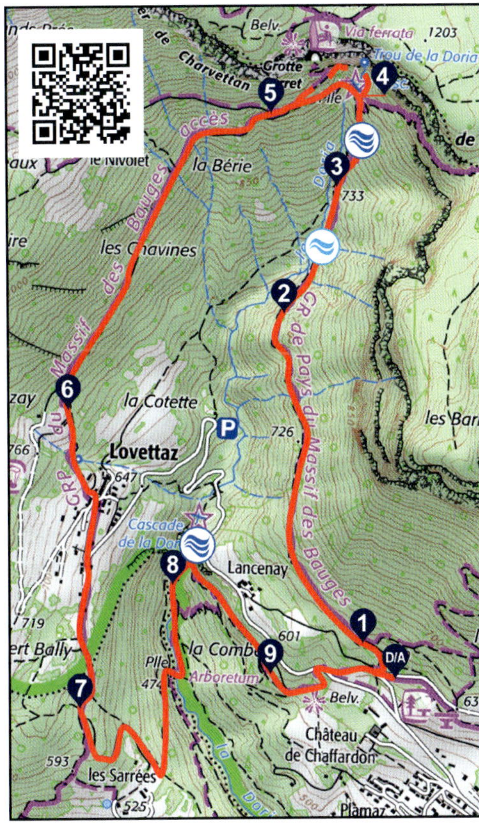

Hêtre ou charme ?

Jusqu'à moyenne altitude, il est courant de trouver des hêtres… mais parfois aussi des charmes. Alors, comment les distinguer ?

On dit que « le charme d'Adam est d'être à poil ». Ainsi, le bord des feuilles du charme est à dents, alors que celui des feuilles du hêtre est à poils !

Hêtre

Charme

La Doria

De la cascade au lac du Bourget

La source de la Doria est, comme d'autres cours d'eau cités dans cet ouvrage, une résurgence d'un réseau karstique.

La Doria est un confluent de la Leysse qui se jette dans le **lac du Bourget**, le plus grand lac naturel d'origine glaciaire de France.

Quelques écrivains ont séjourné au bord du lac du Bourget. On peut citer **Alphonse de Lamartine** qui y écrivit des poèmes, dont *Le Lac* en 1816, dédié à la femme qu'il aime, Julie Charles, mais aussi **Georges Sand**, qui y écrivit quant à elle *Mademoiselle La Quintinie*, publié en 1863.

À la recherche de fraîcheur...

Les deux cascades sont indéniablement des lieux à ne pas manquer ; les vasques juste à l'aval de chacune d'elles pourront être l'occasion de longs moments aquatiques... à condition d'aimer l'eau « fraîche » !

La cascade à l'amont

40 Le canyon de Ternèze et le Trou de l'Enfer

– Aux portes des Bauges –

FICHE TECHNIQUE

Curienne

6,2 km

4 h

3332OT

400 m

653 m

Accès

Au lieu-dit Boyat, se garer 400 m plus loin au parking près du pont du Ternèze.

Difficulté

Facile.

Introduction

Voilà une randonnée qui se déroule hors du Vercors et de la Chartreuse, plus loin du bassin grenoblois... Mais le cadre est si beau que l'on aura vite fait d'oublier que nous sommes ici au pied des Bauges, plus au nord.

Le superbe itinéraire permet non seulement de cheminer la plupart du temps en forêt, mais aussi et surtout de profiter de deux cours d'eau : le Ternèze et la Leysse. Au programme : canyon, passerelles, ponts, passage à gué, bords de rivière et vasques peu profondes... Une variété aquatique sans difficulté qui, décidément, ravira la famille !

Il est d'ailleurs courant de croiser des groupes encadrés par un guide réalisant le parcours de canyoning, court mais dense. Au programme : nage, toboggan, rappel, saut, siphon... Bien entendu, cette activité nécessite d'être encadrée par un professionnel !

À noter qu'il est possible de faire un détour vers le Trou de l'Enfer, site abrupt et sauvage qui ajoutera un peu de difficulté (mais aussi de plaisir) à cette balade.

Le Ternèze

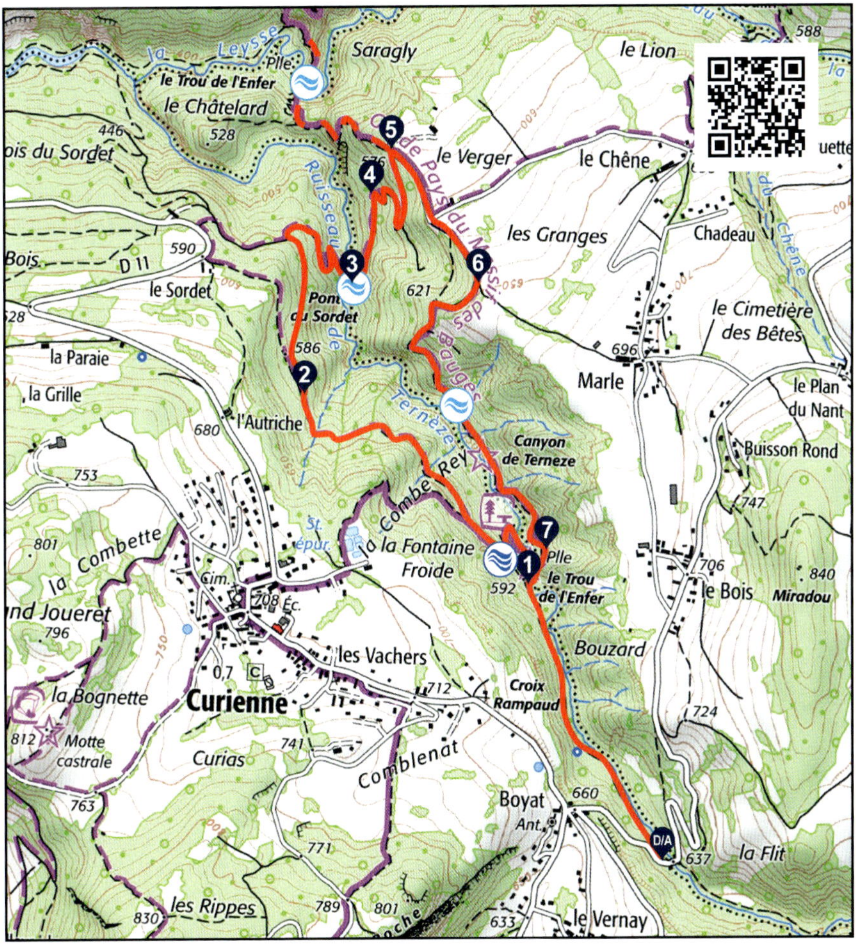
la Leysse
Saragly
le Lion
588
Plle
le Trou de l'Enfer
le Châtelard
528
446
Bois du Sordet
5
le Verger
le Chêne
4
Ruisseau de
GR de Pays du Massif des Bauges
3
Pont du Sordet
les Granges
Chadeau
6
621
590
D 11
le Sordet
Bois
le Cimetière des Bêtes
696
Marle
586
2
la Paraie
la Grille
l'Autriche
680
Ternèze
le Plan du Nant
Buisson Rond
Canyon de Terneze
753
Combe Rey
747
7
St. épur.
la Fontaine Froide
801
la Combette
1
Plle
le Trou de l'Enfer
706
le Bois
840
Miradou
592
Cim.
708 Éc.
nd Jouëret
796
Bouzard
les Vachers
0,7
C
la Bognette
Curienne
712
Croix Rampaud
724
812
Motte castrale
Curias
741
Comblenat
Boyat
Ant.
660
763
D/A
637
la Flit
771
les Rippes
830
789
801
633
le Vernay

Le canyon

Itinéraire

Descendre le chemin en rive gauche le long du cours d'eau pour rejoindre le canyon de Ternèze.

1. Une fois au canyon, continuer sur la gauche (ne pas franchir la passerelle) en passant près de l'ancien moulin et rejoindre le chemin débonnaire, où l'on tourne à droite.

2. Poursuivre le chemin et garder sa droite aux différentes intersections (notamment à la pancarte « Fontaine froide »).

3. Rejoindre le pont du Sordet au bout de 1,5 km pour franchir le Ternèze par un passage à gué (possibilité de devoir se mouiller les pieds en fonction du débit).

4. Remonter en rive droite par un court éboulis puis une large piste jusqu'à rejoindre le GR de Pays au niveau de la route du « Trou de l'Enfer ».

De ce point, on peut faire un aller-retour de 500 m jusqu'à la passerelle sur la Leysse et le Trou de l'Enfer.

Cela représente un dénivelé supplémentaire de 120 m, avec des lacets raides sur la fin (compter 45 min pour le détour).

On est récompensé par la vue du très bel ouvrage franchissant la rivière et même, 150 m plus loin de l'autre côté, d'un point de vue sur le Trou de l'Enfer (banc). C'est aussi l'occasion de profiter des bords de la Leysse (accès juste après le pont par un sentier sur la droite).

5. Tourner à droite en direction du canyon de Ternèze sur un bout de route, que l'on quitte bientôt dans un virage à gauche, en continuant tout droit sur un large chemin.

6. Poursuivre le GRP (balisage jaune et rouge). Au niveau d'un enclos, continuer sur le sentier qui descend puis longe la rivière pour finalement retrouver la passerelle du Canyon de Ternèze.

7. Franchir la passerelle et remonter jusqu'au parking par le même chemin qu'à l'aller.

Toboggan dans le canyon

La Leysse

À la recherche de fraîcheur...

Les rencontres avec l'eau lors de cette randonnée sont nombreuses et toutes propices à la détente... Dès le début de la randonnée, il est possible de se rapprocher du Ternèze pour s'y tremper les pieds.

Bien évidemment, l'amont et l'aval directs du canyon sont des endroits particulièrement agréables (attention, la partie « canyon » est dangereuse sans professionnel). Le passage à gué au niveau du pont du Sordet est quant à lui l'occasion d'un « passage à l'eau » plus ou moins obligatoire ! Les plus courageux qui iront jusqu'à la passerelle sur la Leysse, au Trou de l'Enfer, seront récompensés par de très beaux accès aux bords de l'eau.

Enfin, sur le retour, en longeant le Ternèze, de nouvelles opportunités existent pour prendre un temps de repos sur les berges.

Une maladie méconnue : l'échinococcose

Comment ne pas voir ces fraises des bois poussant sur les bords du chemin... Mais peut-on les manger sans risque ?

L'échinococcose alvéolaire, appelée parfois « maladie du renard », est une maladie parasitaire de l'homme liée à l'ingestion d'œufs d'un parasite, de la famille du ténia, présents sur des végétaux (légumes, champignons, baies sauvages) ou sur le pelage d'animaux porteurs (chiens, chats).

Les œufs du parasite sont dispersés dans l'environnement par les crottes (et non pas l'urine) de carnivores contaminés : renards, parfois chiens et chats.

En France, l'échinococcose alvéolaire est une maladie rare mais grave au moment du diagnostic, avec une caractéristique singulière : on estime que 10 à 15 ans peuvent séparer la contamination de l'apparition des premiers symptômes.

Afin de limiter le risque de contamination, il convient **d'éviter de cueillir les fruits proches du sol**, et donc susceptibles d'être souillés par des crottes animales. Par ailleurs, il est important de bien se laver les mains, ainsi que les fruits et légumes avant de les consommer.

DANS LA MÊME COLLECTION

RANDO-REFUGE DANS LES ALPES DU NORD

Belles balades et refuge de caractère

Besoin de déconnecter ? Envie d'une aventure, d'une évasion en pleine nature ? Alors pourquoi ne pas enfiler vos chaussures de marche et partir passer la nuit dans un refuge de montagne ?

Laissez-vous guider vers des refuges que nous avons spécialement sélectionnés pour vous et partez à la rencontre de gardiens passionnés et de paysages à couper le souffle. Du contenu de votre sac à la description précise des itinéraires, nous avons tout prévu pour que vous puissiez profiter pleinement de votre expérience. Pour tous les niveaux et tous les goûts, ce guide vous propose de découvrir des refuges chaleureux pour profiter en toute quiétude d'un repos bien mérité.

LES PLUS BELLES RANDONNÉES VISORANDO DES ALPES

Lacs, sommets et belles vallées

Parcourez les Alpes à travers les 62 plus belles randonnées Visorando ! De la Chartreuse au Mercantour, en passant par les somptueux massifs de la Vanoise et des Écrins, cet ouvrage, illustré de magnifiques photos, vous invite à parcourir les plus beaux sentiers des Alpes. Découvrez les vallées verdoyantes, les sommets enneigés et les plus beaux lacs de la Haute-Savoie aux Alpes-Maritimes.

RANDO-REFUGE DANS LES ALPES DU SUD

Belles balades et refuges de caractère

Besoin de déconnecter ? Envie d'une aventure, d'une évasion en pleine nature ? Alors pourquoi ne pas enfiler vos chaussures de marche et partir passer la nuit dans un refuge de montagne ? Laissez-vous guider vers les refuges des Alpes du Sud que nous avons spécialement sélectionnés pour vous et partez à la rencontre de gardiens et gardiennes passionnés et de paysages à couper le souffle.

Du contenu de votre sac à la description précise des itinéraires, nous avons tout prévu pour que vous puissiez profiter pleinement de votre expérience. Pour tous les niveaux et tous les goûts, ce guide vous propose de découvrir des refuges chaleureux avec 35 itinéraires de deux jours et des variantes familiales. Arpentez les Écrins, le Verdon, l'Ubaye, le Mercantour et le Queyras et profitez ensuite en toute quiétude d'un repos bien mérité.

SOMMETS AUTOUR DU MONT-BLANC

De la randonnée sportive à l'alpinisme

L'objectif de ce guide de randonnée : vous emmener jusqu'au sommet !

Du mont Buet au Grand Paradis, partez à la découverte des sommets emblématiques autour du Mont-Blanc grâce à ce topo-guide pourvu de cartes détaillées, de descriptions précises et de belles photos. Les 30 sorties sont classées par difficulté croissante et réparties en trois catégories : randonnée sportive, randonnée alpine et alpinisme facile. Outre le versant haut-savoyard, les itinéraires décrits explorent également le Valais suisse et le Val d'Aoste italien, plus confidentiels.

RANDO-FROMAGE DANS LES ALPES DU NORD

Belles balades et fromageries de qualité

Ce livre propose un tour d'horizon de tous les massifs de l'Isère, de la Savoie et de la Haute-Savoie, à travers des parcours de difficultés variées, entre Bauges, Vercors, Chartreuse ou encore Aravis. De pages en pages, nous vous emmenons à la rencontre de ceux qui ont tous les jours les mains dans le chaudron et qui savent parler au caillé. Micro-productions fermières, exploitations plus importantes, peu importe la taille tant qu'on a l'ivresse d'une pâte bien affinée. Ludique, informatif, moulé avec passion, *Rando-fromage dans les Alpes du Nord* se destine aux aventuriers de l'authenticité et aux trublions du goût véritable.

RANDO-BIÈRE DANS LES ALPES DU NORD

Belles balades et brasseries artisanales de qualité

Amateurs de bières artisanales ? Suivez le guide ! Partez à la découverte de randonnées originales au cœur des Alpes du Nord, qui ont la bonne idée de se dérouler à proximité de brasseries artisanales de qualité.

Du Mont Aiguille jusqu'au Salève en passant par la croix du Nivolet, arpentez les massifs du Vercors, de Chartreuse, des Bauges, de Belledonne, de la Vanoise, du Beaufortain… Et laissez-vous surprendre par des bières originales brassées par des artisans qui travaillent des matières premières de qualité avec passion.

DANS LA MÊME COLLECTION

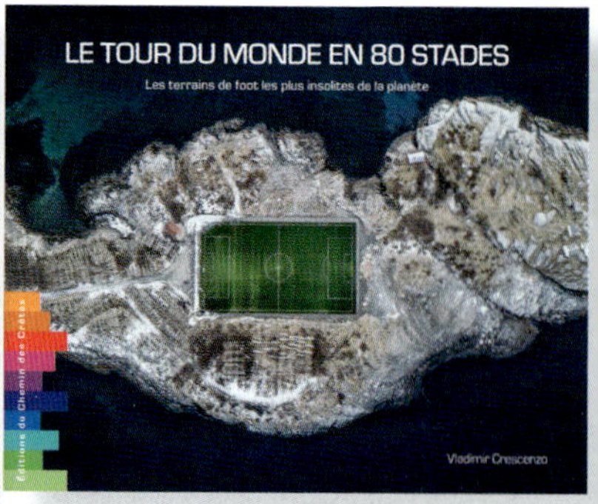

RETROUVEZ NOTRE BOUTIQUE SUR :
WWW.CHEMINDESCRETES.FR

Pour en savoir plus sur les Éditions du Chemin des Crêtes, vous pouvez consulter notre site Internet et retrouver notre boutique sur :

www.chemindescretes.fr

Vous pouvez également suivre notre actualité sur les réseaux sociaux :

Éditions du Chemin des Crêtes

chemin_des_cretes_editions

À bientôt sur le chemin des crêtes !

IMPRIM'VERT®

IMPRIMÉ & RELIÉ en FRANCE par sepec

Certifié PEFC

Ce produit est issu de forêts gérées durablement et de sources contrôlées

PEFC 10-31-1470

www.pefc-france.org